"一带一路"
中国油气与世界

China's Oil & Gas Business and the World
under the Belt and Road Initiative

陆如泉 ◎ 著

| 以通为本　道法自然　大处着眼　小处入手　企业为先
| 项目为要　合作为根　共赢为魂　守住底线　做好自己

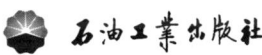
石油工业出版社

图书在版编目（CIP）数据

"一带一路"：中国油气与世界 / 陆如泉著.
北京：石油工业出版社，2019.5
ISBN 978-7-5183-3276-2

Ⅰ.①一… Ⅱ.①陆… Ⅲ.①石油工业–国际合作–研究–中国②天然气工业–国际合作–研究–中国 Ⅳ.①F426.22

中国版本图书馆CIP数据核字（2019）第067152号

"一带一路"：中国油气与世界
陆如泉　著

出版发行：石油工业出版社
　　　　　（北京市朝阳区安华里二区 1 号楼 100011）
网　　址：www.petropub.com
编 辑 部：(010) 64523609　图书营销中心：(010) 64523633
经　　销：全国新华书店
印　　刷：北京晨旭印刷厂

2019年5月第1版　2019年5月第1次印刷
710毫米×1000毫米　开本：1/16　印张：17.5
字数：240千字

定　　价：60.00元
（如发现印装质量问题，我社图书营销中心负责调换）
版权所有，翻印必究

谨以此书献给

我的父母、妻女,以及

长期关心支持着我的领导同事和朋友

序言
PREFACE

"一带一路":中国油气与世界的十大黄金法则

2018年是"一带一路"倡议提出五周年。以油气合作为主的能源资源开发产业一直是"一带一路"建设的重要领域,除了体现"互联互通"的基础设施建设产业外,能源资源开发应该是紧随其后了。而且熟悉中国与周边国家油气合作的人士都知道,油气合作是"一带一路"建设中具有先发优势的产业,中国石油企业于20世纪90年代就开始在"一带一路"沿线国家从事油气投资与合作。若论合作的规模、产业的成熟度、业务链的全覆盖度等,那么"排头兵"非石油天然气莫属。

有业内专家认为,"一带一路"就是"油气之路",简称"油路"。这话可能有失偏颇。但是,一个不容忽视的事实是,"一带一路"地区(特指中国"一带一路"网公布的68个国家,不包括非洲、美洲等"一带一路"延伸地区)的石油探明可采储量、产量和出口量占到全球的55%左右,天然气探明可采储量、产量和出口量占到全球的70%以上。

"一带一路"
Belt and Road Initiative 中国油气与世界

本书不谈"一带一路"地区油气资源的丰富程度，不谈油气项目投资的规模程度，也不谈中国石油企业过去20年在"一带一路"地区的巨大成就，更不谈当前再次引起高层和民众关注的石油安全问题。本书只是通过剖析过去20年中国油气与世界的交往，特别是中国企业在"一带一路"地区的投资、建设与运营、贸易等实操情况，试图梳理和总结一些规律性的东西，既是一种经验总结与回顾，更是未来如何更好地与周边国家进行油气合作的指引。概括为"十大黄金法则"。

法则一：以通为本

"一带一路"建设的本质内涵是"互联互通"，其核心就是一个"通"字。"通"是中国文化精髓中最具意境的一个字。当一切变得通达和畅通后，"一带一路"建设将水到渠成。什么是"一带一路"建设中政府、企业和市场应该关注和重点推进的？应该首推着眼于"通"，能够体现跨地区、跨国别、跨文化，互利共赢、造福当地的大型特大型项目。从这个角度讲，目前正在推进的跨境高铁、公路、航运、油气管道等项目，应该成为"一带一路"建设的重点。

具体到油气合作，过去十年逐步构建的、横跨我国西北、东北和西南边境的三大油气管道建设与运营堪称"以通为本"的典范。就拿中国与中亚天然气管道项目来说，这条由中国石油天然气集团有限公司（以下简称中国石油）投资和建设的天然气管道系统，起自土库曼斯坦，过境乌兹别克斯坦、哈萨克斯坦，最终到达中国西部边陲的霍尔果斯，由A、B和C三条平行管线构成。目的是将土库曼斯坦的天然气（主要气源地）、过境乌兹别克斯坦和哈萨克斯坦（也是辅助气源地）输至中国，满足中国、乌兹别克斯坦、哈萨克斯坦对天然气的消费需求。自2009年12月投运以来，中亚天然气管道已累计向国内输气超过2000亿立方米。目前该管道已成为中国最大的海外天然气进口通道。这正是"通"的力量在天然气合作领域的体现。

未来一个时期，打造基于"一带一路"的油气互联互通体系依然是"一带一路"地区多（双）边油气合作的重中之重，特别要注重构建天然气联通体系，通过利用天然气这一清洁能源实现中国与周边国家的低碳环保发展。中国将来不仅是油气消费中心，还是油气交易中心和枢纽中心。通过中国这一未来的"枢纽中心"将中亚、中东的油气与东北亚、东南亚的消费市场连接起来，真正在亚洲中东部地区打造一个互联互通的油气供需、运输和贸易体系。

法则二：道法自然

"一带一路"倡议说到底是一项源于中国，承载汉唐盛世和未来中华民族复兴的光荣与梦想，且能够在一定程度上推动包容性全球化的中国式主张。肯定要通过"路"将周边国家乃至世界各国连接起来，实现互联互通。但更重要的是要"行大道"，以"道"留人，以"道"服人。"道"是中国文化、中华文明的最高哲学范畴，也是全球公认的中国最高哲学智慧。

推进"一带一路"建设还得讲究道法自然。道法自然就是自然而然，不必着急，不必刻意为之，是"大象无形"。"一带一路"倡议很宏大，但真正做起来要关注细节，务实推进。务实推进的精髓本质就是将"一带一路"之道化于无形，这样才能在特定的情况和条件下，将其运用自如、表达殆尽。

道法自然的理念落实到油气合作上，就是在油气项目投资、建设和运营的过程中，要讲究"只做不说、多做少说"的经营哲学。过去20多年，中国石油等大型石油央企在海外投资的过程中，较好地贯彻了这一理念，取得了巨大成功。为何要坚持"只做不说、多做少说"？一方面，考虑到油气作为一种战略性商品，在别国从事油气资源开发本身就是很敏感的事，常常被资源民族主义者和好事的西方媒体和非政府组织所攻击，给合作项目建设运营带来不必要的麻烦。另一方面，"只做不说、多做少说"绝非等同于"鸵鸟政策"，而是将投资和经营充分融入当地，不刻意凸显自己，与当地形成紧密的共同体，真正做到"大象无形""大巧不工"。

未来一个时期，道法自然依然是"一带一路"地区油气合作的主流经营哲学。

法则三：大处着眼

我国官方曾经给"一带一路"倡议定过调："一带一路"倡议是中国新时期对外开放的顶层设计。那么如何实施好呢？还是内圣外王的曾国藩说得好，大处着眼、小处入手。

大处着眼也就是说要具有战略思维和大格局，从大的方面、全局高度谋划好干事创业的纲。具体到油气合作，我们知道油气合作有着成熟的国际惯例可循，是以石油合同为准绳，遵照石油合同有节奏地安排投资、进行项目建设和后续运营。通常，普通石油合同的合同期是25年左右，一些长周期的石油合同，比如租让制（Concession）合同的合同期甚至长达60年或者更久。在一个国家或一个地区进行长达数十年、累计投入高达数十亿甚至数百亿美元的重大经营活动，投资者在合同期内可能要经历数个执政党、数个总统。这就决定了从事油气合作必须要"大处着眼"。

"一带一路"油气合作的大处着眼主要侧重以下几个方面：一是分析合作项目所在地区的地缘政治环境，合作的油气田存不存在领土争端以及将来油气产出外销时会不会遇到阻碍等；二是分析合作项目所在国的政局稳定性、国家政策的延续性，搞好与本届政府和当政者的关系固然重要，但还得兼顾反对党、反对派的感受，避免遭遇"现任总统签约、继任总统毁约"的尴尬；三是分析项目所在国的市场竞合态势，搞清楚当地市场的主要竞争者、主要玩家，哪些是可以联合的，哪些只能成为竞争对手；四是分析项目所在国的社会形态、安全和财税金融政策环境等，把握好当地宏观政治经济的方向。

法则四：小处入手

大处着眼固然重要，但小处入手更重要。大处着眼是战略和方向，小处入手是战术和策略。"一带一路"油气合作要想取得成功，就必须从小处入手。

项目合作的前期阶段，要注重"小"设计。设计是油气项目的源头，注重项目的设计方案，就要从概念设计和详细设计抓起。统计显示，一个项目的详细设计一旦确定，后续95%左右的投资和工作量基本确定，好的设计绝对是事半功倍，否则，后续花费再多的力量，也难以挽回项目在设计上的先天性缺陷。尤其在"一带一路"建设项目推进过程中，由于投资或经营环境不确定性普遍较高，把握源头显得更加重要，一定要改变轻设计方案、重建设运营的做法。

项目合同全周期过程，要纠缠小条款。合同条款是项目执行的根本遵循。"一带一路"沿线大多数国家市场欠发达、透明与合规程度较低，这时，合同条款的清晰程度对维系项目运营、保护投资者利益往往发挥着决定性作用。因此，对合同条款一定要舍得花时间去纠缠，力争做到"吃干榨净"。例如，"不可抗力"条款，"一带一路"沿线国家普遍投资环境风险较高，存在不同程度的政治、经济、社会和安全风险。对中方投资者而言，不可抗力的类别和事项一定要界定清楚，可针对当地情况，力争将一些不可控事项纳入不可抗力。再如，合同中的仲裁条款也要特别留意，力争实现在具有国际公信力的第三国仲裁，而不是本地仲裁或对方的友好国家仲裁。

项目建设过程中，要严控小问题。在"一带一路"搞项目投资和建设，一定要重视和严控各类小问题，如果稍有不慎，小问题就会酿成大风险，甚至造成无法挽回的损失。项目建设过程中，典型的小问题往往出在工程质量上。最好的办法就是聘请具有国际资质的监理公司，采用"EPC+PMT+PMC"（工程设计采购建设+项目管理团队+项目咨询监理团队）三位一体的项目管理模式，由独立第三方把控工程质量。

法则五：企业为先

细心的人会发现，自"一带一路"倡议提出后，国内一直存在热炒"一带一路"的现象。畅想"一带一路"美妙前景的多，能拿出实质性、可操作性方案的少；政府、研究机构、学界围绕"一带一路"建设的大会小会和培训讲座多，实际达成和签署的合作项目少；出书和写文章的多，开展实质性商务谈判和签约的少；政府在前台发挥主导作用多，市场和企业真正发挥作用的少。总体是务虚太多，务实太少；战略太多，战术太少。

习近平主席指出：实干兴邦、空谈误国。"一带一路"建设应让企业先行、实业先行、市场先行。构建一个市场化的、以经济合作为核心的"一带一路"比什么都重要。

要知道，中国企业在"一带一路"国家已经具有一定的投资规模和市场合作基础，下步可依托"一带一路"构架迅速巩固和扩大合作空间。中国石油企业在"一带一路"区域内从事油气投资与合作已有20多年的时间，形成了明显的先发优势。"一带一路"倡议的提出，为中国石油企业进一步做强做优"带"内油气业务，打造油气合作"转型升级版"提供了难得的契机，理应再接再厉，进一步深化合作。其他来自公路、铁路、电力等产业的企业目前也已在"带"内有较大规模的投资，需要借助"一带一路"建设东风，顺势而上。

要知道，相比政治先行、战略先行、文化先行抑或金融先行，企业（经济）先行遭遇的阻碍和风险小得多，更容易取得成功。众所周知，"一带一路"倡议提出以来，一直遭到美国、印度、俄罗斯、日本等与中国有地缘政治冲突或文化价值观冲突的国家的质疑、抵制或变相抵制。如果大张旗鼓地推行我们认可的政治体制、价值观，则"中国威胁论"等妖魔化中国的言论和势力将呈几何级数放大，将对推行"一带一路"建设带来极大阻碍和风险。因此，今后一个时期的"一带一路"建设，应本着求真务实、稳健推进的原则，倡导企业先行、经济合作优先。

要知道，让企业先行意味着"一带一路"建设将拥有稳固的经济基础，只有经济基础牢固了，"一带一路"倡议这个"上层建筑"才能稳定、可持续。企业的本质是逐利的。让企业先行意味着中国的企业在"一带一路"开展国际化经营的核心目的是实现有质量有效益的发展。只有我们的企业赚钱了，"一带一路"建设才能惠及其他"利益相关者"，才能实现可持续发展，才能推动政治、战略、文化、体制机制等全方位的合作和接轨。企业能否盈利是"一带一路"建设是否长久的生命力所在。

法则六：项目为要

据不完全统计，中国石油企业海外资产、油气产量、利润和贸易量中，超过50%的份额来自"一带一路"地区。总的来看，"一带一路"已成为中国

"一带一路" 中国油气与世界
Belt and Road Initiative

石油企业的核心油气合作区，已成为石油央企海外油气产量和效益的重要来源地。国际油气合作惯例已经一再证明，油气合作项目本身才是储量、产量和收入效益的源泉。搞好"一带一路"油气合作，实际上就是搞好项目投资与合作。油气项目才是"一带一路"建设的载体。

未来一个时期，"一带一路"区域范围（主要包括中亚俄罗斯、中东和亚太三个地区）内的大中型油气合作项目，特别是跨境油气通道、贸易项目将是重中之重。

中亚俄罗斯地区的油气合作项目，重点要抓好跨越土库曼斯坦、乌兹别克斯坦、哈萨克斯坦并抵达中国的中亚天然气管道项目；抓好中俄原油管道的运营和管道二线项目的建设和运营；抓好中俄天然气东线管道的建设，按期建成投运，择机、稳妥推进中俄天然气西线项目；抓好跨境管道沿线现有各大型上游勘探开发合作项目的建设和生产，充分发挥应有的油源地、气源地作用；抓好社会影响力大的炼油化工项目和工程技术服务、工程建设及装备制造项目，在当地实现全产业链发展。

中东地区的油气合作项目，重点要抓好中国石油央企在伊拉克地区的大型油田项目的开发建设与运营；抓好中国企业在伊朗地区大型油田项目的建设投运和投资回收，防范美国恢复并加强对伊朗制裁给中国企业带来的风险；抓好中国石油化工集团有限公司（以下简称中国石化）在沙特阿拉伯（以下简称沙特）的炼厂项目、天然气项目的建设运营；此外，目前阿联酋已上升为石油合作的热点地区，应乘势而上，抓好中国企业在阿联酋阿布扎比大中型油气项目的开发和运营；同时，还要抓好阿曼、卡塔尔等国的油气项目合作。

亚太地区的油气合作项目，应充分关注缅甸，抓好中缅原油管道的投运，与国内下游炼化市场保持协同；择机拓展有效益的炼化项目和孟加拉湾海域的勘探开发项目，寻找大型的油源、气源，以期为中缅油气管道贡献更多上游资源。充分关注印度尼西亚（以下简称印尼），印尼是共建"21世纪海上丝绸之路经济带"倡议提出之地，其重要性不言而喻。在印尼主要是通过获取新项目弥补现有项目的产量递减，保证中国石油企业在印尼拥有相对稳定的业务规模和投资回报。

法则七：合作为根

在"一带一路"乃至全球其他地区投资开发油气项目，不要唱"独角戏"，不要占有100%的股份，把项目搞成中方独资的，这样所有的压力和风险都得由中方一家承担。中电投（原中国电力投资集团国际公司）在缅甸的密松水电项目系中方独资项目，前期投入已达数亿美元，后被缅甸政府强行叫停，直到现在尚未恢复建设。如果当时这个项目哪怕西方公司（最好是欧美公司）只有10%的参股股份，缅甸政府都不会（或不敢）轻易叫停此项目，这就是"抱团取暖"的力量。因此，"一带一路"合作项目，多搞中方、西方和本地企业联合参与的合资合作，少搞独资项目。一定要把多方合作进行到底，讲究五湖四海，合作多赢，合作为根。

中亚、中东、阿富汗及周边等地区是"一带一路"的重点地区，这一地区的国家的一个共性特点是不完全依赖于某一个大国，基本上是在走"平衡"的国际合作路线。当前，这些国家在经济合作和获得外来投资上更多依赖中国，在政治或者军事方面则更多依赖美国、俄罗斯等大国。这就造就了中美两国企业在上述地区有一定的互补性，更容易形成"强强联合"之势，以"联合体"或者"合资公司"的方式在当地开展投资和运营。最为典型的案例是在伊拉克，美国最大的石油企业埃克森美孚公司和中国最大的石油生产商中国石油在伊拉克南部西古尔奈油田开发上成功进行了合作，双方发挥各自优势，油田开发建设顺利推进，目前该油田的年产量已达2000万吨。中美两国企业合作共同开发伊拉克市场的例子完全可以在"一带一路"其他国家复制。

法则八：共赢为魂

可以说，互利共赢、合作发展是每个从事国际化经营的企业都应该遵循的理念和原则，中国企业在"一带一路"地区从事投资与合作更要坚持该原则。"一带一路"倡议根本目的是打造"人类命运共同体"。没有共赢，何来共同体？共赢是"一带一路"倡议推动实施的"灵魂"所在。而油气作为敏感度高的能源资源开发产业，时常受到外界的质疑，时常与国家主权和地缘政治挂钩，在合作的过程中更要强调"共赢"。

实际上，中国石油企业过去20多年在"一带一路"重点地区的投资与合作总体上遵循了"互利共赢、合作发展"的原则。以中国与哈萨克斯坦的合作为例，中哈油气合作20年，构建了一套符合当地法律法规和国际惯例的公司制法人治理结构及管控体系，奠定了可持续发展的管理能力，树立了中国石油企业良好的国际形象。仅中国石油一家企业在哈萨克斯坦累计社会公益投入就超过3亿美元，累计上缴税费超过400亿美元，为当地提供的就业机会超过3万个。纳扎尔巴耶夫总统称中国石油旗下的阿克纠宾、PK等项目是"中哈合作的典范"，还有多个项目获得"最佳社会贡献总统奖"。中哈油气合作基本上把"共赢为魂"落到了实处。

衡量是否互利共赢的标准就是，你在东道国的行为与当地社会的期望相吻合。要做到思维全球化，行动本地化，融入当地社会。

未来一个时期，"互利共赢、合作发展"在"一带一路"油气合作上只能加强，不能削弱。除了履行企业社会责任，应在"本地化运营"上下功夫，不断提升当地雇员的比例，特别是中高级雇员的比例；在项目建成的采办服务上，要按照既定的"本地含量"规定，采购当地的物资和服务，推动当地制造业和服务业的发展。充分当地化的一个直接效果就是公司的安全风险大大降低了。就像约翰·布朗在《超越商海》这本书中说的："我们认识到，即便你不惜巨资把自己武装到牙齿，若没有当地社会的积极支持，你一样无法摆脱外部威胁。"

法则九：守住底线

守住底线实际上就是树立底线思维，控制好那些对企业和项目合作有着重大威胁的风险。毕竟，有些错误、有些风险，一旦碰上且不能有效管控，企业和合作项目离死亡也就不远了。所以，重大的风险必须把控好，守住不因重大风险对合作项目产生颠覆性、不可挽回影响的底线。

第一是守住不因社会安全风险（最突出的就是暴恐袭击和绑架）对合作项目造成"毁灭性"打击的底线。"一带一路"沿线国家大多是高政治风险和极高安全风险国家，比较突出的就是中东地区、南亚地区和中亚地区。安全风险的一个重要方面就是暴力恐怖活动，当前呈现恐怖主义全球化、恐怖分子本土化、恐袭方式简易化、袭击目标多样化的态势。

第二是守住不因沿线国家政局变化对项目产生颠覆性风险的底线。政治和政局风险很麻烦，"一带一路"沿线国家多为强权政治、强人政治。这些国家的总统在他们当政的时候，往往和中国的政治经济关系很好，但一旦总统去世或者遭遇突发事件，整个国家往往会变天，给既有油气合作带来巨大甚至是毁灭性风险。类似的问题还有很多，此类风险难以防范，只能未雨绸缪。不仅跟

"台上的人"打交道，也要跟反对派处好关系。

第三是守住不因地缘政治风险对项目造成重大冲击的底线。地缘政治冲突表现在企业行为上就是，双方的企业在某一地区、某一领域发生激烈角逐和"死磕"。比如日本和中国的企业在"一带一路"乃至全球范围，针对能源、铁路、高铁、港口进行全方位的竞争。当然，地缘政治新态势不一定全是坏事，往往是一把"双刃剑"，一方面地缘政治的变化，可能会带来更多或意外的合作机会，另一方面也可能使整体风险急剧增大。

第四是守住不因金融风险对项目效益造成惨痛损失的底线。特别要防范利率、汇率异常变动给项目运营带来的风险。像哈萨克斯坦这样的"一带一路"重点国家，其货币政策紧跟俄罗斯卢布，如果卢布贬值，坚戈极可能就会贬值。2014年的一次贬值非常迅猛，坚戈一下贬值23%，这对外国企业而言几乎是灾难性的。

法则十：做好自己

所谓做好自己，就是提升自身的国际化经营管理能力，只有做好自己、练就一身真本领、硬功夫，才能在"寒冬"或"逆流"突然来临时撑得住、活下去。高超的国际化经营管理能力体现在多因素、多维度上，但以下三方面尤其重要。

首先，在合作项目前期评价阶段，能否为项目构建一个正确的经济评价模型。经济评价模型本身的构建相对简单，无非就是一套Excel表格、函数和算法，但模型中各种参数的选取至关重要，比如油价、预期产量水平、折现率、税率、汇率、预期收入与利润等，其背后反映的是我们对未来油价的预测准确度、对油气田预期储量和未来产量水平的预测到位度、对项目合同条款的理解到位程度、对东道国财税政策的掌握程度、对当地经济和金融乃至安全环保情况的了解程度等，实际上反映的是我们的技术能力和商务能力。通过经济评价，才能计算出项目的净现值（NPV）、投资回收期和内部收益率（IRR），而NPV、IRR等才是评判该项目能不能干、未来能不能赚钱的依据。

其次，在项目动工上马后，能否按照既定的进度、批准的预算，高质量地把项目建成投产，实际上是考验项目管理能力。"一带一路"地区大型油气项目的投资动辄几十亿甚至数百亿美元，建设周期一般3~5年，这么短时间、这么密集的工作量和投资强度，绝对是对投资者综合能力的考验。对内部而言，要精准协调好勘探、开发、钻井、工程建设、采办、预算、财务、后勤（上下游一体化的油气项目还包括管道、炼化）等团队，使他们各司其职、无缝衔接；对外部而言，要统筹协调好各类承包商、服务商、供应商等，按照项目建设进度，做好服务工作。

最后，应不断提升项目建设过程中的商务运作和利润筹划能力。诚然，油气田的地质禀赋和合同条款奠定了海外油气合作项目盈利的基础，但好的商务运作模式在于帮助作业者靠"过程"赚钱，而不仅仅靠"结果"赚钱。项目运营过程中是否能把握价值创造的关键、规避可能出现的风险，反映了石油企业的内在竞争力。比如，BP公司作为伊拉克最大的油田鲁迈拉油田项目作业者，2009年接管该油田后，立即着手在伦敦筹建上百人的、专门服务于该项目的技术和商务团队（RST，Rumaila Supporting Team），并通过协议方式与伊拉克政府达成一致，在为项目提供技术和商务支持的同时，向政府和其他合作伙伴收取高额专家咨询费。每年，RST为BP公司贡献的净收益高达1亿美元以上。

以上就是梳理出的"一带一路"油气合作十大黄金法则，是为序。

目 录
CONTENTS

法则一：以通为本

"一带一路"油气合作的"五通"该如何推进 ································· 3
以"通"为本："一带一路"项目就应该这样实施 ···························· 11
大力推动实施"一带一路"天然气互联互通计划 ···························· 15
如何推进"一带一路"建设中的民心相通 ···································· 20
哈萨克斯坦：东西方交往的"陆上新枢纽" ·································· 24

法则二：道法自然

"一带一路"，是"路"更是"道" ·· 29
"一带一路"油气合作的"四句话" ·· 33

法则三：大处着眼

包容性现实主义："一带一路"倡议的国际关系理论解读 ··············· 41
全力打造"一带一路"油气合作 2.0 版本 ····································· 46
"气荒"及"一带一路"背景下中国天然气进口的现状与未来 ············ 54

i

法则四：小处入手

"一带一路"建设，从小处入手 ··· 63
如何向外国同行推介"一带一路" ··· 69
巴库归来话"丝路"：不仅仅是石油 ······································· 74

法则五：企业为先

"一带一路"项目建设运营需要抓好三件事 ······························· 83
"一带一路"建设应让企业先行 ·· 87
石油央企的"一带一路"使命 ·· 91

法则六：项目为要

"一带一路"油气合作须抓住节点国家和重点项目 ······················· 99
亚马尔天然气及 LNG 一体化项目的战略意义 ···························· 103
三箭齐发，中国企业"一带一路"油气合作再出手 ······················ 107

法则七：合作为根

美国南亚及阿富汗新战略对中国"一带一路"倡议在该地区推进影响几何 ·········· 115

中印洞朗之争：两国之间难道除了竞争还是竞争？ ……………………… 119

中国石油 2017 年的"一带一路"足迹 …………………………………… 124

法则八：共赢为魂

中哈油气合作 20 年："一带一路"建设的先行者 ……………………… 131

"一带一路"倡议下中阿（阿联酋）全面战略合作解析………………… 135

"后卡里莫夫时代"乌兹别克斯坦政局研判及中乌能源合作前景分析……… 140

法则九：守住底线

企业"一带一路"投资运营的主要风险与应对 ………………………… 147

海外大型油气合作项目的四个"关键敏感时点" ……………………… 152

中东地缘政治变局及其对"一带一路"油气合作的影响 ……………… 158

俄乌"斗气"再次彰显跨境天然气供应的地缘政治特征 ……………… 162

"一带一路"的工笔画：关键是管控好六类"安全"风险 …………… 168

法则十：做好自己

大力推动"一带一路"油气合作走实走深、行稳致远 ………………… 175

"一带一路"建设1.0版本尚未有，何来2.0 179
东北亚天然气管道论坛：理想很丰满，现实很骨感 182
东北亚地区天然气与管道互联互通依然任重道远 187

"一带一路"石油地缘政治热点问题分析

沙特阿拉伯国王"突访"俄罗斯为哪般 195
鲁哈尼改革之路依然任重道远 200
拉夫桑贾尼的离世对伊朗政局及周边地缘政治的"蝴蝶效应" 204
库尔德"千年建国梦"此次真能实现？ 208
伊朗国内游行示威骚乱的原因分析及下步局势研判 214
不要过分渲染美国退出"联合全面行动计划"的严重性 218
特朗普既要石油降价又要禁止伊朗出口石油，可能吗？ 223
美国和伊朗全面互怼，国际油价走向何方 228
风雨四十载：美国对伊朗制裁的前世今生 233
群雄逐鹿伊德利卜酣又酣，叙利亚收复最后失地难又难 240
石油政治漩涡下的伊朗：东西方百年大博弈的"中间地带" 246
"后纳扎尔巴耶夫时代"尚未真正到来 253

后记 257

法则 一
以通为本

　　"一带一路"建设的本质内涵是"互联互通",其核心就是一个"通"字。"通"是中国文化精髓中最具意境的一个字。当一切变得"通达"和"畅通"后,"一带一路"建设将水到渠成。什么是"一带一路"建设中政府、企业和市场应该关注和重点推进的?本书认为应该首推那种着眼于"通",能够体现跨地区、跨国别、跨文化,互利共赢、造福当地的大型、特大型项目。从这个角度讲,目前正在推进的跨境高铁、公路、航运、油气管道等项目,应该成为"一带一路"建设的重点。

"一带一路"油气合作的"五通"该如何推进

(2017年4月15日)

2017年于推进"一带一路"建设而言具有特殊意义,国家于5月14至15日在北京召开首届"一带一路"国际合作高峰论坛,这是自2013年9月习近平主席提出共建"丝绸之路经济带"和"21世纪海上丝绸之路"后三年多来,我国以"一带一路"建设为主题,第一次系统筹划并举办的、由多国元首参加的高端论坛。

在这样的一个特殊历史时刻,油气合作作为"一带一路"建设的先行者、见证者,应如何承前启后、再接再厉推动"一带一路"地区油气合作迈上新台阶、推动形成油气合作的"升级版"?

中国石油企业在"一带一路"区域内的油气合作开发始于1997年,获取的第一个大中型油气合作项目是哈萨克斯坦阿克纠宾老油田开发的矿费许可证制合同项目。后续20年,中国石油企业在"一带一路"地区陆续抓住了2002年前后亚太印尼油气田收购、2004年哈萨克斯坦大型油气并购、2007年中亚天然气上中下游合作、2009年中东大型油气田项目群合作，以及中俄油气管道项目及贸易合作等数次重大战略机遇，实现了"一带一路"地区业务规模的快速扩张和收入、利润的迅速提升。2016年"一带一路"区域油气权益产量当量超过8000万吨，有力推动了油气合作成为"一带一路"建设的主力军和领头雁。过去20年来，中国石油企业一直积极有效参与"一带一路"建设，从这个意义上讲，将2017年称作中国石油企业"一带一路"油气合作20周年也毫不过分。因此，这个时候国家召开"一带一路"国际合作高峰论坛，对于油气合作和深入该地区的中国油企而言，意义特别重大。

新的历史起点上，业已取得的发展和成就属于过去，展望未来10年甚至更长一段时间，中国石油企业在"一带一路"的开发与合作该如何推进，是一个值得认真思考的问题。我们知道，"一带一路"建设的核心在于"五通"，即政策沟通、设施联通、贸易畅通、资金融通、民心相通。"五通"既是"一带一路"建设的主要目标，也是实施路径，还是核心要义。如果能够按照"五通"来规划和梳理"一带一路"油气合作，则既体现了国家推进"一带一路"建设的统一要求，又站在更高层次审视中国油气的对外合作开发。

这里围绕"五通"要求，本着"开放合作、互利共赢、统筹兼顾、互联互通"的原则，瞄准打造"一带一路"区域范围内领先石油公司的目标，提出中国石油企业、特别是石油央企未来有效推进"一带一路"合作开发的建议。

一 政策沟通：加强与"一带一路"重点资源国油气合作的政策、标准和机制对接

"政策沟通"更多指新形势下（新形势更多指后金融危机时代不确定性的全球经济，低油价和低景气周期，以及"一带一路"地区新的能源地缘政治形

势，重点东道国出现的新情况、新挑战等）。中国石油企业与"一带一路"范围内重点东道国政府、国家石油公司、国际合作伙伴等利益相关者，应就油气合作政策、财税政策、油气项目合同、工业技术标准等方面进行深入对接和沟通。具体有以下几方面：

一是与"一带一路"范围内的东道国政府代表或合作伙伴（通常是国家石油公司），例如，沙特阿美公司（SaudiArmco）、伊朗国家石油公司（NIOC）、哈萨克斯坦国家石油公司（KMG）、阿塞拜疆国家石油公司（SOCAR）、俄罗斯石油公司（Rosneft）、俄罗斯天然气工业股份公司（Gazprom）、马来西亚国家石油公司（Petronas）、印度石油天然气公司（ONGC），甚至越南石油公司（Vietnam Oil）、泰国石油公司（PTT）等建立定期交流沟通机制，必要时与它们签订战略合作伙伴协议或谅解备忘录，商讨油气合作政策及相关财税政策、石油化工项目建设标准、石油工程服务与装备制造产业标准等的对接，以期实现在油气合作重大政策、标准上的协同，并通过双方国家石油公司间的协商促进政府间的政策沟通。

二是与"一带一路"区域内的西方大石油公司，加强合作机制对接。如雪佛龙、埃克森美孚在哈萨克斯坦，BP公司在伊拉克，道达尔公司在俄罗斯和伊朗等。关注以上石油巨头在"一带一路"重点东道国油气项目的运营状况，通过资本运作方式择机参股对方成熟油气资产；同时，允许对方参股我石油企业在"一带一路"区域内的资产，多进行"多方联合作业体"形式的运作，确保合规管理的同时有效分散投资风险。

三是特别关注"一带一路"区域内，中方在20世纪90年代就开始主导作业或参与的现有重大油气投资项目合同到期时间表，很多油气项目合同将在"十三五"或"十四五"期间陆续到期。同时，特别关注东道国政府对合同到期续约或重新招标的相关规定，早筹划、早沟通。尽可能保住那些目前仍有良好产量和效益表现或者有较大勘探潜力的项目，全力避免因延期失败而对石油央企海外业务收入、产量、效益造成重大冲击。

二 设施联通：构建"一带一路"地区油气互联互通体系

"设施联通"更多指在"一带一路"范围内构建石油和天然气互联互通体系。过去的十年，以中国石油为代表的石油央企主导构筑起了横跨我国西北（中国—中亚天然气管道，即横跨土库曼斯坦、乌兹别克斯坦、哈萨克斯坦、和中国的天然气A/B/C三线）、东北（中国—俄罗斯石油和天然气管道，其中中国石油管道已经投运）、西南（中国—缅甸石油及天然气管道，均已投运）和东北海上（LNG及原油贸易进口通道）四大油气战略通道，以及通道沿线及周边的上游油气田项目群，率先在"一带一路"地区初步实现了油气互联互通，成为"设施联通"的旗舰和样板工程。这个意义上讲，油气设施联通的框架已定，下一步是如何进一步完善和优化。

一方面，应继续注重西北（中亚）、东北（中俄）、西南（中缅）三大跨国油气战略管道的资源落实，把新项目开发的重点放在管道沿线及周边地区有潜力的勘探区块和待开发成熟区块上。按照拟定的管道输量规划，有节奏地做好业务拓展工作，平衡好现有与未来油气源，保障油气源平稳、充足供应。

另一方面，应着眼未来"一带一路"区域绿色低碳能源合作，把主要精力放到推动"一带一路"天然气合作大开发、大发展、大联通上。重点是构建和运营好覆盖中国、辐射周边的"两横两纵"（两横：中亚天然气管道、中缅天然气管道及其潜在支线，两纵：中俄天然气东线、中俄天然气西线及其潜在支线）天然气管网，以及相关配套工程，打造以中国为中心的泛亚地区天然气产业互联互通体系。

基于"设施联通"的"一带一路"范围内油气互联互通，尤其是天然气产量的联通，未来将大有作为。中国的石油企业应以市场化的方式、结合自身业务特点，积极参与泛亚地区油气"大联通"体系构建。

三 贸易畅通：提升中国石油企业在"一带一路"地区油气市场的话语权和影响力

"贸易畅通"除了正常的油气进出口贸易外，也可以指油气工程技术服务、工程建设和装备制造领域具有"贸易"性质的油气合作项目。如何进一步推动"一带一路"地区的油气贸易畅通，具体有以下几方面：

一是加快推进中国石油企业、本地油企和国际合作伙伴在"一带一路"关键节点国家的贸易中心或产业园区建设，类似中国石油在新加坡的油气运营中心、中国石化在沙特阿拉伯的石化基地等，形成集贸易、炼油、仓储、码头、物流于一体的新型贸易体系，提升中国大型石油企业在亚洲油气贸易网络以及油气交易市场上话语权的同时，加速本地油气运营和贸易体系的构建。优化完善中俄、中亚、中缅管道油气贸易，以及中国企业通过海上进口海外LNG和原油的定价与交易结算机制，确保各利益相关方的利益最优化。

二是大力拓展"一带一路"地区重点东道国的工程服务市场，特别是重点油气地面工程、重点管道炼化和LNG工程的EPC承包或PPP等形式的合作。积极参与中东、东南亚、中亚、南亚国家石化产业园区建设，利用优势资源拓展终端消费市场。通过合资合作的方式进一步推动工程技术服务的国际化、市场化、专业化。

三是加大中国石油企业及国内相关装备制造业企业对"一带一路"节点国家的设备出口和国际产能合作力度。推进石油装备制造企业与"一带一路"沿线国家相关企业成立合资公司，打造若干个石油装备制造基地和服务支持网络。

四 资金融通：加快推进能源与金融一体化

"资金融通"更多指在国家"一带一路"建设潮流的推动下，加大中国石油企业与国家开发银行、国家进出口银行等传统从事对外合作项目的信贷机构，以及亚投行、丝路基金等新型信贷和投资银行机构的合作力度，促进能源与金融的深度融合，在实现油气合作项目投融资多元化的同时，推动提升人民币的国际化地位。具体包括但不限于以下两方面：

一方面，应尽快在重点国家（如伊朗、伊拉克、巴基斯坦）、重点项目（如俄罗斯亚马尔LNG项目、中国—沙特阿拉伯石化合作项目）形成一批油气投融资、工程服务、油气贸易与人民币一体化的有影响力的重大工程。总结梳理过去十多年来采用的"资金换资源"策略，形成可推广的能源金融协调发展模式。

另一方面，在继续利用好国家开发银行、国家进出口银行的基础上，重点关注亚投行、丝路基金等金融平台的动态进展，将更多的油气合作项目与亚投行、丝路基金挂钩，形成仅次于基础设施建设、第二大的能源与金融一体化平台，以低成本资金满足海外油气项目建设运营的需要。

五 民心相通：着力推动"一带一路"油气合作的本地化和可持续发展

在"五通"里面，民心相通是最重要的，也是最难实现的。具体到油气合作开发领域，"民心相通"更多指保障中国石油企业在"一带一路"沿线的投资和经营活动取得适当回报的同时，充分践行利他主义，多换位思考，让油气合作项目惠及其他利益相关方，特别是当地人才培养、企业社会责任履行、公共关系处理等方面要走在其他中资企业的前面，出经验、出模式。

一是重点关注"一带一路"重点油气东道国本地化人才培养以及本地化优秀人才的国际化转变工作（本地化员工的国际化转变尤为重要，可将一些本地优秀人才轮换到本企业其他海外项目，提升本地员工的国际化素养），使人才本地化率达到并保持较高水准（通常应在90%以上）。更要从企业集团总部层面高度重视对本地化人才的培养，可结合实际，实施"项目骨干人才培训计划"，培养一批当地化、专业化、高素质的项目关键技术人才和管理人才；还可实施"项目现场操作人员培训计划"，培养一大批当地化、接地气的项目操作运维人员。

二是持续优化调整海外业务的管理方式，在管好项目生产运营的同时，设立专门机构、抽调专门人员关注项目运营以外的事项，重中之重是风险防控、安保防恐、公共关系、媒体沟通、NGO（非政府组织）沟通等事务，提升企业在当地的品牌效应和声誉的同时，有效控制好风险。

三是特别关注油气合作项目所在社区的发展，关注当地民生等问题的解决。企业应保证一定的资源投入，制订年度预算，专门用于企业社会责任的履行，打造"一带一路"建设的合作样板。

六 小结

中国政府提出的"一带一路"倡议，是中华文明最高哲学智慧的体现，"一带一路"就是"道"，"大道之行、天下为公""道法自然"；与此同时，"一带一路"建设的最高境界是"互联互通"，其核心就是一个"通"字，当一切变得"通达"和"畅通"后，"一带一路"建设将水到渠成。中国石油企业在"一带一路"的油气合作中应践行"五通"，行大道，继续担当"一带一路"建设的主力军、领头羊，着力打造"走出去"升级版，早日造就一批具有较强国际竞争力的一流石油企业。

以"通"为本:"一带一路"项目就应该这样实施

(2017年5月24日)

"一带一路"建设的核心载体是项目,若没有项目支撑,那么,"一带一路"倡议便宛若无源之水、无本之木。

"一带一路"建设中政府、企业和市场应该关注和重点推行着眼于"通",能够体现跨地区、跨国别、跨文化,互利共赢、造福当地的大型特大型项目。从这个角度讲,目前正在推进的高铁、公路、航运、油气管道等项目,应该成为"一带一路"建设的重点。下面以中亚天然气管道项目的建设和运营为例,谈谈天然气的跨境运输是如何达到"通"的。

中亚天然气管道项目于2007年启动建设,中方拥有50%的股份。该管道途经土库曼斯坦、乌兹别克斯坦、哈萨克斯坦,最终到达中国,目的是将土库曼斯坦的天然气(主要气源地)、过境乌兹别克斯坦和哈萨克斯坦(也是辅助气源地),输至中国,满足中国、乌兹别克斯坦、哈萨克斯坦对天然气的消费需求。截至目前,已经建成并运营土乌边境到中国霍尔果斯口岸的中亚A/B/C线三条管道和一条位于哈萨克斯坦南部的天然气管道，累计完成投资200亿美元。自2009年12月投运以来，累计向国内输气超过1500亿立方米。

众所周知，天然气的物理特性要求管道运输各个环节必须协调统一，中亚天然气管道对国内能源供应的重要性要求管道运行必须安全平稳。但是由于多种因素，中亚天然气管道跨多国统一运营存在诸多难题和挑战。

一是中亚天然气管道作为中国引进中亚气产业链条的一环，涉及托运方、管输企业中外方股东、多个资源方，以及下游管网销售相关方等，利益相关方众多，协调难度大。

二是为突破工期瓶颈，项目建设阶段采用"分国分段建设和运营"的项目组织和管理模式，导致管道建成后，管道运营面临多个法律主体的复杂管理局面，即乌兹别克斯坦段管道由中乌合资公司运营，哈萨克斯坦段管道由中哈合资公司运营，两个公司负责运营的管道物理相连但相互独立。

三是由于股权对等，中方作为股东并不拥有运营管理的法定权力，管道运输的物理特性以及运营效率要求与公司治理结构和管理体系存在矛盾，加剧了管理的复杂性。

面对这些挑战，该管道的投资和运营主体——中亚天然气管道公司逐步摸索和创建了一套"四国多方跨国运行协调机制"，打造了由多个法律主体参与的跨多国管道运行协调平台。这套机制的核心是，以国内市场动态需求为导向，以购气和输气合同为基础，协调土、乌、哈、中四国，推动中国国内采购商、国内油气调控中心、土库曼斯坦上游天然气田、土库曼斯坦天然气康采恩、中乌天然气管道公司、中哈天然气管道公司等运营相关方共同开展工作，规范上下游生产运行工作程序，在特殊环境下保证项目投产后安全、平稳、高效运行。❶具体做法是：

一是依托商务协议和股权管理平台奠定跨多国管道协调运营基础。中国国内采购商（PCI）与上游东道国、境外各管道合资公司和境内下游公司签署多个商务协议。中亚管道公司联合PCI，借助其签署的多个商务协议以及中亚管道公司对中亚天然气各段管道的股权管理，把跨多国管道涉及的上、中、下游相关组织有效地联系在一起，明确涵盖购气、供气、输气等相关各方的责、权、利关系，构建清晰的跨国长输管道运行组织工作界面。

二是组建土—乌—哈—中天然气管道运行协调委员会，形成日常业务协调机构。为了协调管道运营日常工作，中亚管道公司主导和推动四国多方成立"土—乌—哈—中天然气管道运行协调委员会"（下称"四国委员会"），形成负责协商确定中亚天然气管道的年度、半年度、月度输气计划和维检修计划等工作的协调议事机构，以协调工程运营过程中的技术和操作问题为主，对管道运营中的争端进行集中统一管理。"四国委员会"下设秘书处和北京协调中心。秘书处是协调委员会的常设办事机构，负责协调委员会会议的筹备和组织日常工作。北京协调中心负责协调全线日常运行及月度计划协调工作，参与供输气计划、检修计划协调。

三是巩固、常态化协调机制。中方参与中亚天然气管道运营的单位众多，分布于油气"产、购、销、用"整个链条的上、中、下游，利益取向存在较大差异，在四国多方跨国运行协调机制中举足轻重。内部协调方面，以"统一制订购输气计划，统一制订检修计划，统一制定运行方案，统一下达调度指令，统一协调应急处置，中亚进口气与国产气产运销平衡"为目标，明确中方内部运行协调程序及各方的职责，通过生产协调会议、工作协调函等手段，根据已

---

❶ 摘自2016年《国家级企业管理创新成果》。

确定的年度分月供输气协议计划及各方计划调整申请，协调制定月度计划调整。外部协调方面，通过四国委员会进行跨国协调，根据各方资源配置情况，协商确定年度分月供输气协议草案计划；草案计划下发给四国多方征询意见，根据意见做进一步调整；最后，确定中亚天然气管道的年度分月协议计划，并下达四国多方。

实际上，以上这套四国多方跨国运行协调机制的核心就是"沟通"，以"通"为本。这套机制保障了管道投产以来安全、平稳运营。截至2016年底，管道实现连续安全运行2465天的记录，未发生重大质量、安全、环保事故，HSE业绩位列同行业国际先进水平。

通过这条管道，土库曼斯坦的天然气实现了市场化销售，实现了价值；乌兹别克斯坦和哈萨克斯坦作为过境国，获得了不菲的过境收入，同时沿途居民也下载了足量的天然气供自己使用；中国作为最大的消费市场，来自中亚的天然气既满足了中国的消费需求，又在一定程度上改善了中国的能源消费结构，让中国朝着低碳清洁方向迈进了一步。该管道堪称"一带一路"多方互利共赢合作项目的样板。

大力推动实施"一带一路"天然气互联互通计划

(2016年7月1日)

2013年9月,习近平主席提出"一带一路"倡议后,国内各行各业、各地方政府均围绕"一带一路"建设提出了本地区、本领域的发展定位和思路。就产业合作而言,通过前期造势和实际推动,高铁建设和核电设施建设已成为推动"一带一路"建设的两张"名片"。以中国石油为代表的能源企业在"一带一路"范围内的油气合作已有20年,形成了相当的规模和实力。未来一个时期,"一带一路"油气合作仍大有可为。加大天然气产业合作力度,推动实施"一带一路"天然气互联互通计划(Belt & Road Natural Gas Interaction Plan,简称BRNGIP)是石油央企积极参与"一带一路"建设的重中之重,是中国推动"一带一路"建设的又一张靓丽"名片"。

一 实施BRNGIP的必要性

"一带一路"天然气互联互通计划的必要性包括四个方面。

第一，BRNGIP将有效连接俄罗斯、中亚、中东等全球天然气储量富集地区与中国、东北亚（日韩）、东南亚（东盟10国）、南亚（印度）等重要天然气消费地区，是中国石油等能源企业响应国家"一带一路"建设、落实海外天然气合作与互联互通的核心举措。

第二，BRNGIP顺势而为、顺应潮流，代表了清洁能源利用和低碳生活的方向，大规模推广使用天然气是中国石油彰显自身实力、占领下一轮世界天然气行业发展制高点的核心路径。

第三，BRNGIP是帮助中国石油优化全球"五四三"布局（五大合作区、四大战略通道、三大运营中心），以效益为中心，优化发展中亚俄罗斯、中东地区、亚太地区天然气业务的核心需要，是中国石油提升国际化经营合作层次、推动世界一流企业建设的核心抓手。

第四，BRNGIP是帮助中国石油等石油央企走出当前经营管理困境和"低潮期"，以崭新的国际化形象示人，重塑国内外形象的核心手段。

二 BRNGIP的构想

BRNGIP集天然气工业全产业链合作、能源与金融合作、天然气合作与信息化和"互联网＋"嫁接于一体，推动构建未来较长一个时期国际天然气合作的新模式、新机制。其构想包括三个方面。

一是依托亚欧大陆的地缘政治核心平台，将BRNGIP打造成中国"一带一路"建设与互联互通的支柱。

二是依托中国石油当前的四大天然气通道和国内西气东输等主干管网，采取合纵连横的思路，积极协调中亚地区天然气主干管网、欧洲地区（俄罗斯与西欧）天然气主干管网、拟建的连接中亚与印度的TAPI管线，形成一个覆盖亚欧大陆（世界的心脏地带），包括中国、俄罗斯、欧盟、日韩、东盟10国及印度的天然气互联互通体系。

三是坚持企业先行，中国石油牵头，联合俄罗斯（主要是俄油、俄气）、中东（主要是沙特阿美、伊朗国家石油公司）、亚太（主要是马来西亚国家石油公司、泰国石油、越南石油等）、欧洲（BP、壳牌等）实力较强的国家石油公司、国际石油公司，全力以赴推进企业间合作，以企业间合作推进政府合作。

 实施BRNGIP的切入点

实施BRNGIP要牢牢把握好五个切入点。

（1）以跨境天然气管道业务为主干"网络"。突出抓好天然气管道的建设与运营（天然气基础设施）和天然气贸易过程中的互联互通。其中，天然气互联互通是重中之重，辅以LNG物流网络的构建。

（2）以大中型天然气田勘探开发及炼化建设项目为支点。大中型天然气项目建设均以联合作业体、联合财团的方式进行投资和建设，理想的联合体模式是"CNPC（PetroChina）＋欧美石油公司＋INOC＋本地企业"的合资公司。

（3）以天然气项目集群和产业园区为支撑。主要是培育跨国天然气主干管道沿线的上游项目集群，依托大型城市群构建石化产业园区，依托重要港口城市建立健全加工、服务、贸易、仓储和物流的运营中心，在天然气工业基础不发达的地区构建石油石化装备制造中心。

（4）以信息化、体制机制创新为突破。主要目标是"卓越标准化、卓越本地化"。一方面，以信息化、互联网＋等驱动亚欧地区天然气工业技术的统一和标准化，构建统筹协调、互利多赢的亚欧天然气管理体制机制；另一方面，天然气合作与互联互通一定要"接地气",在本地化用工、本地含量、本地响应等方面要体现所在国、所在地的诉求和利益,保障可持续发展。

(5)以能源与金融的捆绑为特色。能源与金融的深度融合是未来BRNGIP的重点工作,一方面BRNGIP是为投资巨大的天然气合作项目提供低成本、多元化的资金;另一方面,BRNGIP推动更多的天然气合作以人民币结算,提升人民币国际地位,促进人民币成为世界货币。

四 实施BRNGIP的步骤

BRNGIP具体实施可以"三步走"。

第一步:大力推动企业间合作,与亚欧重点国家的大型石油企业构建战略联盟(成为彼此的优选合作伙伴)。优化调整中国石油在亚欧地区的天然气资产布局,允许合作伙伴参股集团公司、股份公司海外大型上游项目和天然气管道项目,并择机参与合作伙伴的项目,实现"你中有我、我中有你"。

第二步:大力推动天然气管网互联互通和产业集群合作。按照多元化的思路构建天然气贸易与供给体系。不仅要实现中国境外天然气供给的多元化,也要推动实现欧盟、日韩、印度、东盟10国等需求大国(经济体)的天然气供给多元化;同时,实现俄罗斯、伊朗、伊拉克等天然气输出大国出口的多元化。其中:关键是实现俄罗斯、中亚天然气西向(欧洲方向)和东向(东北亚方向)之间的平衡和培育良性价格协调机制。

第三步:体制机制创新和能源金融体系构建。构建亚欧天然气互联互通的体制和机制,主要是政策与合作机制、贸易与物流机制、工业与技术标准机制、人才交流机制、社会责任与可持续发展机制。构建能源金融机制,主要是在未来亚欧天然气合作中,扩大人民币作为交易结算货币的比重,同时注重美元、人民币、欧元的平衡与协同问题。

BRNGIP之所以能够成为又一张靓丽的"名片",其背后的逻辑是,BRNGIP不单单是中国国内产业的"输出",而是"一带一路"主要节点国家均有内在需求和自我驱动的一项"绿色产业"。一旦沿线国家均有内在需求,这项工程推进起来难度就会小很多,加上跨国天然气管道的地缘政治和地缘经济考量,BRNGIP无疑将成为"一带一路"建设上经济效应、政治效应和社会效应俱佳的多赢工程。

如何推进"一带一路"建设中的民心相通

——基于企业国际化经营的视角

(2017年3月5日)

"一带一路"建设的核心是"五通",即政策沟通、道路联通、贸易畅通、资金融通和民心相通。其中,民心相通属于软实力、软约束的范畴,是最难达成的,需要持之以恒的努力。民心相通放在民族国家层面,指的就是文明的相通、宗教的相通;放在企业和市场层面,实际上指的是跨文化管理。

中国石油在"一带一路"地区已有20年以上的投资运营历史,在海外油气项目合作过程中,对跨文化管理进行了有益尝试,并形成了自己的经验,从一个侧面展示了"一带一路"建设中的民心相通该如何推进。中国石油跨文化管理大致经历了求同去异、求同存异、求同求异三个阶段。

第一阶段:求同去异。"求同去异"是跨文化管理的初级阶段,可以称之为"怕你和我不同"。在该阶段,中国石油缺乏跨文化管理经验,如果合作伙伴或本地员工认同我们的观点,我们就高兴,就可以达成一致;反之,如果对方不认同我们的观点,就排斥对方、否定对方。这一阶段,在某种程度上没有摆脱母国文化的约束,不能从其他文化中反观自己的文化,极易盲目地落入自己文化的框架之中，是最为艰难的阶段。

该阶段最典型的特点是容易单干，项目运营过程中以中方员工为主开展各项作业和建设，不喜欢或者不倾向于使用国际雇员和本地员工。这类似于将国内"石油会战"模式搬到了国外，优势是极大地发挥了中国石油甲乙方综合一体化优势，以"中国速度"快速建成大油田、大气田，弊端是容易引发东道国员工的消极对抗，受到油气合同中本地含量条款、东道国政府发放劳务签证的限制。最为典型的就是在土库曼斯坦、哈萨克斯坦的油气合作项目经常遭遇东道国政府拒绝给中方员工发放签证；项目公司的国际雇员陆续离职、本地雇员岗位层次过低而难以有效参与项目管理。

第二阶段：求同存异。相比求同去异阶段而言，该阶段文化的自信度和对不同文化的认同感较高，是跨文化管理的成熟阶段，可以称之为"君子和而不同"。在该阶段，相同的观点大家取得共识，不相同的观点各自保留，允许观点上的不一致、信仰的不一致、处理问题方式的不一致，承认对方不同观点的合理存在，承认差异的客观存在。对文化差异要有认同感，理解其他国家的文化有它的历史渊源、自身逻辑，有其文化优势、文化特点、文化特长，内心深处真诚认同而不排斥别国文化。求同是寻求不同文化历程中存在的共同认识成果以及不同环境下解决问题时产生的共同智慧。存异主要强调理解、包容、妥协和渗透。

这一阶段，最典型的特点是包容。以2009年收购哈萨克斯坦某大型油田公司为例。在收购后的整合管理过程中，中国石油汲取过去的教训，更积极地组织中方员工学习东道国文化、当地风俗习惯及相关法律法规，提高员工的法律意识与合同意识；在履行合同责任的同时主动承担责任，推动员工本土化，努力取得当地政府信赖。中国石油"求同存异"文化之所以落地生根，还有一个重要的因素是治理结构上实行中方与哈方50∶50的等权管理，项目总经理采取中方、哈方轮流担任；构建实施基于"平衡计分卡"的战略管理体系，在项目接管一开始就制定确立了中哈双方认可的公司发展目标和发展战略，从而使得项目后续运营管理顺利推进。接管后三年内就全部回收了收购资金。

第三阶段：求同求异。与前两个阶段相比，该阶段文化的吸收能力和包容能力很强，是跨文化管理的高级阶段，可以称之为"欢迎你和我不同"。正如彼得·德鲁克所讲："在管理结构、管理职务和人事政策上完全超越国家和文化的界限既不可能，也并不可取。真正需要的是在互相决定的各种需要和要求之间求得一种浮动的平衡。"此种平衡过程展开即是跨国经营企业所面临的跨文化范畴的相互融合过程。在该阶段，相同的观点我们互相欣赏，不同的观点可能是一种更好的补充，彼此认为你的差异可能是我所缺乏的好东西，公司要鼓励、欣赏、学习这些不同的观点，比求同存异更上一个层次。求异就是说要互相欣赏，而且越是不同越认可，抱着这样的态度和心态，才能与其融合，才能互相促进、互相补充，产生更好的效果。这一阶段，最典型的特点就是融合，项目运营过程中，鼓励个性化，形成相互学习、优势互补、共同进步的文化氛围。

再以2004年收购的在加拿大和伦敦两地上市、资产和运营在哈萨克斯坦的某大型石油公司为例。收购后，中方接管团队明确了主导项目跨文化管理的关键是"一把手"，"一把手"是整合的"主角"。"一把手"在后续的整合过程中展现出强大的文化吸收能力和包容能力。首先在调研多元文化异同基础上，认同文化差异。对中、西、哈民族文化以及相互之间的文化异同进行了详尽的研究。其次是针对公司中方员工、哈方员工、西方国际雇员"三足鼎立"的现状，提出"相互欣赏、享受工作"的理念，并落实到实践中。根据哈方员工独特的思维和工作方式，安排合适的岗位，使其在工作中发挥最大的效能；

根据西方国际雇员专业化、职业化强的特点，本着"但求所用、不求所有"的原则，安排他们到关键岗位。同时，利用不同文化碰撞产生的诸多问题，不断完善管理制度。项目接管后五年内就全部收回收购资金。

企业跨国经营过程中在跨文化管理上所经历的三个阶段是依次递进的，却在不同类型的项目上同时存在，因项目类型、发展阶段、项目管理团队、项目治理架构的不同而异。

哈萨克斯坦：东西方交往的"陆上新枢纽"

（2018年11月10日）

作为古代突厥、阿拉伯、蒙古、契丹还有匈奴人的后裔，哈萨克斯坦有着独特的历史文化和民族性格；作为拥有270万平方公里国土面积的"世界最大内陆国"，只有差不多1800万人口，可谓地广人稀；作为一衣带水的邻邦，中国与哈萨克斯坦不仅有约1.7万公里的边境线，而且自"一带一路"倡议提出后，两国关系最为密切，交往也最为频繁。

"一带一路"倡议提出后，国人对哈萨克斯坦的认知增加了不少。我们知道，哈萨克斯坦是我国领导人首次提出共建"丝绸之路经济带"倡议之地。在2017年首届"一带一路"国际合作高峰论坛的开幕式上，我国领导人40多分钟的主旨演讲里，竟有五次提及哈萨克斯坦；我们还知道，目前中国与中东欧、西欧等地区的跨境陆上物流贸易量中，约70%的份额是要过境哈萨克斯坦的。

截至目前，哈萨克斯坦是中国在能源资源开发领域对外直接投资额度最大的目的国。据不完全统计，截至2017年底，以中国石油及其旗下公司为主的中国能源企业对哈萨克斯坦的石油天然气权益投资累计已经达到500亿美元，更为重要的是，中方在哈萨克斯坦油气领域的投资建设与运营也为该国带来超过500亿美元的税收。而且，中国石油企业和国际同行在哈萨克斯坦生产的石油除了满足当地需求外，一部分通过该国西部的管道系统和里海岸边的阿特劳港口向西运往欧洲市场，一部分通过哈萨克斯坦与中国连接的"中哈原油管道"向东输送，并在新疆阿拉山口进入中国。

因此，随着中国跃居全球第二大经济体，随着中国推动"一带一路"建设走深走实，随着中国进一步推动扩大改革开放，哈萨克斯坦已然成为中国与欧美西方国家交往的"陆上新枢纽"。

之所以说是"新枢纽"，是因为早在1000多年前的古丝绸之路时期，哈萨克斯坦靠近中国新疆的地区已经是古代丝绸之路的节点地区和必经之地，是响当当的"老枢纽"。汉唐盛世和宋明时期，中国的洛阳、西安、兰州乃至新疆喀什，哈萨克斯坦的阿拉木图，乌兹别克斯坦的撒马尔罕、布哈拉，伊拉克的巴格达，以及土耳其的伊斯坦布尔等，都是古丝绸之路的节点城市，也是那个时代人类在欧亚大陆地区发展水平最高的"中心地带"。哈萨克斯坦（或其国家的雏形）称得上是那一时期东西方的"枢纽"。

无独有偶，笔者和同事出差哈萨克斯坦，与该国智库人士和政府官员交流时，他们一致认为，随着中国"一带一路"倡议的推进，哈萨克斯坦必将发挥更大的"东西方枢纽"作用。

其中一位哈萨克斯坦政府官员是这样讲的：从地缘角度讲，哈萨克斯坦于中国而言显得更加重要，堪称中国与世界交往的枢纽。首先，哈萨克斯坦往北是俄罗斯，中俄两国的商品流通特别是中国与俄罗斯西部的贸易，可以过境哈萨克斯坦；其次，哈萨克斯坦以南是乌兹别克斯坦和阿富汗，中国也可以通过阿富汗打通南亚的贸易通道；最后，哈萨克斯坦向西跨越里海是伊朗和土耳其,也是陆上连接中国和欧洲的重要通道。

可不是吗!笔者不得不佩服这位官员的大格局观和地缘政治思维。还有一个最为经典的案例,哈萨克斯坦的西南方向还有乌兹别克斯坦和土库曼斯坦,正是通过哈萨克斯坦和乌兹别克斯坦,中国石油将土库曼斯坦的天然气通过中亚天然气管道输往中国。中亚天然气管道已经成为"天然气时代"中国引进国外天然气及LNG的最大通道,发挥着极大的战略、经济和有效利用清洁能源的价值。

哈萨克斯坦也是苏联最大的加盟共和国之一,是苏联分崩离析、各加盟共和国纷纷离开之际,最后一个脱离苏联而独立的共和国,哈萨克斯坦与俄罗斯仍保持着千丝万缕的联系。更不能忽略的是,哈萨克斯坦也是美国实施其"中亚战略"的核心地区之一,是美国能源企业在中亚地区最大的投资目的国,卡萨干、田吉兹等哈萨克斯坦屈指可数的世界级大油田,其作业者分别是美国埃克森美孚和雪佛龙公司领衔的国际财团。此外,哈萨克斯坦还是日本、韩国等东亚强国竞相合作和投资的目的国。从地缘政治的角度讲,哈萨克斯坦必将坚定地奉行"平衡外交",在大国间"纵横捭阖",谋求自身利益最大化。但这并不妨碍哈萨克斯坦成为我国与欧亚大陆西部国家交往的"新枢纽"。

一直以来,总是说土耳其是东西方的"枢纽",因为土耳其恰好在欧亚大陆的结合部,横跨欧洲和亚洲,这使得其在地理位置上成为当仁不让的东西方枢纽。但是,具体到中国推进"一带一路"建设,具体到我国进一步向西扩大开放,则哈萨克斯坦这个"新枢纽"更加务实、更加靠谱、也更加接地气!

法则二
道法自然

"一带一路"倡议的推进,是在一定程度上为优化调整全球治理模式和国际关系格局提出"中国主张"、出具"中国方案"。一方面要通过"路"将周边国家乃至世界各国连接起来,实现"互联互通";但更重要的一方面是"行大道",以"道"留人,以"道"服人,道法自然。

"一带一路",是"路"更是"道"

（2017年5月1日）

2017年5月14—15日，"一带一路"国际合作高峰论坛在北京召开，28个国家的元首、92个国家的代表以及61家国际组织的负责人响应中国号召、接受习近平主席的邀请，齐聚北京，出席该论坛。这是自习近平主席2013年9月7日在哈萨克斯坦正式提出共建"丝绸之路经济带"倡议3年多来，以"一带一路"为主题召开的首次高峰论坛，也是这个领域最隆重的国际交流与大国外交活动。能够与此次高峰论坛相媲美的也有2006年的"中非合作论坛北京峰会"和2016年杭州的G20峰会，但这两场峰会的广泛性、多元性、务实合作程度以及后续影响力，均不及"一带一路"国际合作高峰论坛。

"一带一路"倡议是一项源于中国、承载汉唐盛世和未来中华民族复兴的"改革开放与对外交流合作方案"，能够在一定程度上为改进现行全球治理模式和国际关系体系添砖加瓦，发出中国声音、注入中国元素。"一带一路"倡议是在中国模式下"四个自信"（道路自信、理论自信、制度自信、文化自信）最重要的体现。

"一带一路"
Belt and Road Initiative 中国油气与世界

一方面要通过"路"将周边国家乃至世界各国连接起来，实现"互联互通"；但更重要的方面是要"行大道"，以"道"留人，以"道"服人。

目前，"一带一路"倡议的实施还停留在"路"的层面。"路"是必须要构筑的，也是实实在在的。因此，倡议提出三年多来，各地区、各路人马、各个领域均忙着"筑路"：公路、铁路、水路、空路、电路、网路、油路、气路等。公路建设已持续几十年了，喀喇昆仑公路（中巴国际公路）、中老公路、中缅公路等，不胜枚举；铁路除了"渝新欧""新亚欧大陆桥"等常规铁路，高铁建设正大规模铺开，成为"克强名片"；水路也在疏通，大湄公河次区域覆盖了中国在内的6个国家；中国国际航空公司、中国南方航空公司、中国东方航空公司等也在忙于中国各大城市与"一带一路"节点国家、节点城市的空路连接；国家电网公司正忙于"全球能源互联网"建设，相信不久，电路和网路就会架起；至于油路和气路，更是给力，中国石油在过去的十年里已构筑起横跨我国西北、东北、西南的三大陆上跨境油气运输通道，成为"一带一路"建设的旗舰工程。因此，"一带一路"倡议是实实在在的筑"路"，有了"路"才能"互联互通"！

但是，为了"一带一路"倡议持久地实施，长期而言，要以"道"为先、以"道"为本。"一带一路"表面上是"路"，骨子里是"道"。

首先，推进"一带一路"建设要遵循"道生一，一生二，二生三，三生万物"的总法则。既然"一带一路"倡议已上升至国家层面，是我国扩大对外开放的重大举措和经济外交的顶层设计，那么"一带一路"本身在某种意义上即可称为"道"。这意味着，在推进"一带一路"建设的过程中，要注重包容性，尊重他国在"一带一路"框架下以因地制宜的方式开展合作；尊重他国提出的类似"一带一路"的合作倡议（比如哈萨克斯坦提出的"光明之路"，俄

法则二
道法自然

罗斯提出的"欧亚经济联盟",蒙古提出的"草原之路",等等),并与这些倡议做好连接、实现融合;尊重"一带一路"在不同地区、不同文化背景下的不同解读,容忍某些国家不理解、不响应、不提倡、不执行"一带一路"倡议的现象,"一带一路"倡议可以"有",也可以"无"。

其次,"一带一路"建设还要倡导"大道之行、天下为公"。也就是说,"一带一路"倡议的实施首先要行大道,谋求最大的共识,形成最大的"公约数"。这个"共识"和"公约数"是什么?是国际惯例,是现代商业社会和经济合作形成的共性规则。因此,千万不要在"一带一路"实施过程中,有意输出"中国特色"甚至意识形态,可以提供"中国方案、中国办法"。但这种办法和方案一定是"无私"的,是"利他"的。要知道,"因其无私,故能成其私"。当然,"无私"绝不意味着利益输送和血本无归,"无私"更意味着规则意识、制度意识,符合自然规律、市场规律、价值规律甚至竞争法则。另外,"行大道"还要注重互利共赢、共同发展,不是简单地搞几个捐赠和帮助当地建几家医院、学校,更重要的是"授人以渔",让实施的项目具有盈利能力,只有盈利,才能可持续地惠及当地;只有培育起当地的发展能力,才能真正为当地创造价值,促发当地的认同感。

最后,推进"一带一路"建设还得讲究"道法自然"。"道法自然"就是自然而然,不必着急,不必刻意为之,更多是"大象无形"。"一带一路"倡议看上去很宏大,但真正做起来,还是要从小处入手,务实推进。务实推进的精髓本质就是将"一带一路"之道化于无形,这样才能在特定的情况和条件下,将其运用自如、表达殆尽。归根结底,每一件事物都有它本身的天性和本质,小到每个人、大到每个民族和国家,都有自己独特的思维方式和个性特征。在推行"一带一路"时,我们应该意识到的是:改造一个民族、一个国家的效果是有限度的。我们需要做的不是试图消除这些缺失，而是把对方的优点合理地加以利用，尽量避免他们的缺失，并力图帮助对方在其独特天性的基础上持续进步，放大其中有益的部分。

总而言之，"路"是有形的、"道"是无形的，"路"是物质的、"道"是"精神"的，"路"是表、"道"是里。中国要实施好"一带一路"倡议，必须"行大道"，必须互联互通、互学互鉴、互利共赢、共同发展；同时还要注意，"大道至简""大道无形"，要"自然而然"地推进"一带一路"建设。

"一带一路"油气合作的"四句话"

（2018年1月24日）

随着"一带一路"倡议实施的深入，中国石油企业走出去从事跨国油气投资与合作也变得"点多面广"。如何确保项目投资效益，如何管控好层出不穷的风险，成为上至中央和国资委等部门，下至企业管理层甚至普通老百姓关注的问题。

油气跨国经营的核心是合作项目，油气田项目是产量和效益的唯一来源。围绕国际油气合作项目的运营管理，可行性如何？运作模式如何？项目质量如何？管理水平如何？盈利能力如何？风险如何管控？问题千头万绪，剪不断理还乱。这里，结合自身工作实际，谈谈如何有效开展国际油气合作项目的建设与运营，如何管控风险。其实，要想把一个国际油气合作项目说清楚，也就是"四句话十二个字"即："有没有、让不让、能不能、通不通"。

所谓"有没有"，就是在东道国所投资的区块，到底有没有规模的、可供商业开发的储量。储量，特别是高品位成规模的储量，从来都是石油公司（外国投资者）的命根子。

"一带一路"
Belt and Road Initiative 中国油气与世界

先从一个案例讲起：中国海油2012年以151亿美元（算上承担的债务，总收购款超过190亿美元）收购加拿大尼克森（Nexon）公司，当时尼克森公司的产量也就20万桶/日左右。此后，随着国际油价断崖式下跌，作为尼克森公司核心待开发储量的油砂资产，其价值大大缩水。这桩原本在业界多数专家眼里是一笔好买卖的并购，到了2015年后急转直下，成了中国海油最大的包袱，堪称海外业务的"滑铁卢"。《财经》杂志甚至在2016年10月以"中国海油之殇"来形容收购尼克森公司的这一"败笔"。同在2016年，中国海油壮士断腕，对加拿大油砂资产做了巨额减值计提处理，此举直接影响了中国海油当年整体的财务表现。

事情到此似乎结束了。但2016年下半年以来，埃克森美孚宣布陆续在南美洲圭亚那海域Stabroek盆地发现了6个大型油气藏，最近的一次宣布发现是2018年1月，Stabroek盆地第六个油气发现诞生，其油藏厚度达到70米，为高质量碳酸盐岩油气藏。此次发现，总探明可采储量4.4亿吨（折合32亿桶，这意味着油田建产后的生产能力将到达4000万吨左右，即80万桶/日），而中国海油当年收购的尼克森公司恰恰拥有埃克森美孚担当作业者的圭亚那海域项目25%的股份。这意味着，由于埃克森美孚的勘探发现，项目建成投产并达到高峰产量后，中国海油将拥有圭亚那项目20万桶/日的权益产量，这相当于再造了一个尼克森！

据埃克森美孚称，该项目的开发成本会得到有效控制，即便在40美元/桶的低油价水平下，该项目依然有钱可赚。现在难以考证中国海油当时在收购尼克森时，是如何评估尼克森参与埃克森美孚在圭亚那这一海上风险勘探区块的价值的。不过，恰恰是这一"不起眼"的风险勘探区块，拯救了尼克森，某种意义上也拯救了中国海油的海外业务。尽管有运气的成分，但我们还是可以说，这是中国海油的"战略远见"。

法则二
道法自然

继续以埃克森美孚为例。2017年,美国哥伦比亚大学新闻学院院长史蒂夫·科尔写了一本《石油即政治》(英文原名:*Private Empire*,直译为"私人帝国"),全书讲的是埃克森美孚这家全球最大的私人石油公司的故事。读后,一种强烈感受是,整个埃克森美孚就对一个业绩指标尤为看中,那就是"储量接替率"(公司当年新增石油可采储量与当年产量之比)。近20年来,埃克森美孚年度新增可采储量80%以上来自其主导作业的、遍布全球的海外项目。每到年末,只有当年储量接替率指标大于或保持1以上时,公司管理层才觉得松了口气,如释重负。因为,储量接替率保持在1以上,意味着公司继续保持较好成长性,相应会抬升其在资本市场的股价。

由以上两个案例可以看出,储量的发现,对于从事跨国经营的石油公司而言是多么的重要。对于大型油气勘探发现,业界有"十年不开张、开张吃十年"之说。少了储量,于油公司而言,无异于"巧媳妇难为无米之炊"。因此,储量风险才是外国投资者在东道国关注的首要风险。

所谓"让不让",其实是指东道国油气合作政策和财税条款的优劣问题,油气合作项目的主合同堪称项目的"宪法",其重要性怎么强调都不为过。再好的项目,没有互利公平的商务法律合同条款做保障,只能算是"水中月、镜中花"。所以,让不让,关键还是要看东道国如何定位外国投资者在本国的油气开发。目前,在让不让、让多少的程度上,全球的油气东道国大致可以分为以下三类。

一是坚决不让,此类国家主要包括沙特阿拉伯、科威特等中东产油大国。迄今为止,这些国家的上游勘探开发市场,自20世纪60—70年代"国有化"运动后,一直未对外国石油公司开放。外国投资者看着这类国家拥有的巨额油气储量,只能"望洋兴叹"。二是适度让步,此类国家主要包括伊朗、委内瑞拉、伊拉克、俄罗斯等国家，当前，其油气对外合作的合同条款异常苛刻，几乎清一色地采取"服务合同"模式（伊朗是回购合同模式）。也就是说，外国投资者无论在这类国家扔进多少钱，其投资回报是固定的，挣的只是服务费、报酬费。比如在伊拉克最大的鲁迈拉油田，外国石油公司（BP公司和中国石油）每生产一桶油的报酬费（服务费）是2美元。服务合同规定，地下的油气储量是属于东道国的，跟外国公司没有关系。三是大度让步，此类东道国现在越来越少了，主要是依然采用产品分成合同（Product Sharing Agreement，PSA）、矿费许可证制（Licensing）或租让制（Concession）的国家，比如非洲的乍得、苏丹、南苏丹、中亚的哈萨克斯坦、土库曼斯坦等，此类国家投资环境较差、亟需外国投资，往往以更为优惠的合同条款吸引外国石油公司。相应的，此类合同模式下，油田地下储量可以按照一定的比例记入外国投资者的财务报表中，作为公司的核心资产。而且，一旦油价上涨或者发现新的储量，外国石油公司就可以获得超额投资回报。

除了石油合同本身，东道国还可以通过财税政策的变动达到对外国石油公司"让"还是"不让"的目的。比如哈萨克斯坦，高油价时期，为了阻止外国投资者获取超额回报，变相通过提高出口关税、矿产资源开采税以及新增原油出口收益税税种等手段，侵蚀外国石油公司的收益。因此，除了储量这一"先天"因素，影响油气合作项目投资回报和盈利能力的关键因素就是东道国所采取的合同模式和财税政策条款了。

所谓"能不能"，实际上就是海外项目公司（通常情况下是合资公司或联合经营实体）及其母公司，分别作为项目的作业者和大股东，能否在既定的时间周期内，通过协调承包商、服务商和供应商，在批准的预算范围内，高质量地把项目建成并顺利投产运营，实际上是一个"作业者综合能力体现"的问题。

作业者综合能力主要表现为三方面。首先，在项目前期评价阶段，项目作业者及其股东能否为项目构建一个正确的经济评价模型。经济评价模型本身的构建相对简单，无非就是一套Excel表格、函数和算法，但模型中各种参数的选取至关重要，比如油价、预期产量水平、折现率、税率、汇率、预期收入与利润等，其背后反映的是作业者对未来油价的预测准确度、对油气田预期储量和未来产量水平的预测到位度、对项目合同条款的理解到位程度、对东道国财税政策掌握程度、对当地经济和金融乃至安全环保情况的了解程度等，实际上反映的是作业者及其母公司的技术能力和商务能力。通过经济评价，才能计算出项目的净现值（NPV）、投资回收期和内部收益率（IRR），而NPV、IRR等才是评判该项目能不能干、未来能不能赚钱的依据。其次，在项目动工上马后，能否按照既定的进度、批准的预算，高质量地把项目建成投产，实际上是考验作业者的项目管理能力。大型油气项目的投资动辄几十亿甚至数百亿美元，建设周期一般3—5年，这么短时间、这么密集的工作量和投资强度，绝对是对作业者综合能力的考验。内部而言，要精准协调好勘探、开发、钻井、工程建设、采办、预算、财务、后勤（上下游一体化的油气项目还包括管道、炼化）等团队，使他们各司其职、无缝连接；外部而言，要统筹协调好各类承包商、服务商、供应商等，按照项目建设进度，最好服务工作。最后，是项目建设过程中的商务运作和利润筹划能力。油气田的地质禀赋和合同条款奠定了海外油气合作项目盈利的基础，但好的商务运作模式在于帮助作业者靠"过程"赚钱，而不仅仅靠"结果"赚钱。项目运营过程中是否能把握价值创造的关键、规避可能出现的风险，反映了石油公司的内在竞争力。

以上这些能力是作业者的"标配"。为什么埃克森美孚、壳牌、BP等石油公司长期以来一直位居世界500强企业前10甲，除了石油天然气作为一种全球大宗商品使石油企业的收入规模大以外，跨国经营能力、不可复制的核心竞争力也是关键。

所谓"通不通"，实际上是指油气田储量的价值实现通道畅通与否，也就是说，必须筹划和构建成熟的运输渠道和消费市场来确保油气合作项目产出的原油或天然气能够顺利卖出去、卖个好价钱，如期实现其价值。否则，一切都是"茶壶里煮饺子"。最为悲惨的事情就是，在油气合作项目前期论证和筹划阶段，由于作业者经验不足或其他原因，没有事先考虑好油气产出后的外输方式和提前锁定目标市场，导致项目建成后原油和天然气的销售渠道不畅、销售价格不高，进一步导致项目"功亏一篑"的失败结局。

对于拥有出海口和港口的东道国，作业者在该国进行上游油气勘探开发的同时，应同步筹划建设从油气田输往港口的管道或同类输送设施，以便在油气田建成达产时及时实现外输和出海销售。当然还要考虑东道国本地消费市场的需要，内销和外销的比例可以由作业者与政府商定。比如中国石油1997年在开发建设苏丹1/2/4区千万吨级油田时，同步修建了从油田至苏丹港1506公里的外输管线。1999年7月该油田建成投产时，外输的头油当月就抵达苏丹港，顺利实现了外输和销售。

对于没有出海口的内陆国家，作业者在启动油气田开发建设之前，就要摸清楚应该从哪个邻国将油气出口，通道该怎么建设才最经济。最好是途经东道国的友好邻国修建出海油气通道。这就涉及两国甚至多国关系和地缘政治的问题。因此，能源地缘政治风险一直是跨国石油公司所要重点关注和防控的。比如，埃克森美孚20世纪90年代在乍得开发石油项目时，同步修建了从乍得经喀麦隆出海的石油管线，及时实现了石油储量的价值，获得了巨额回报。

法则三

大处着眼

我国官方曾经给"一带一路"倡议定过调:"一带一路"倡议是中国新时代对外开放的顶层设计。那么如何实施好呢?还是"内圣外王"的曾国藩说得好,"大处着眼、小处入手"。所谓大处着眼,就是说要具有战略思维和大格局,从"大"的方面、全局高度谋划好干事创业的"纲"。具体到油气合作,就是以石油合同为准绳,遵照石油合同有节奏地安排投资、进行项目建设和后续运营。

包容性现实主义:"一带一路"倡议的国际关系理论解读

(2018年10月28日)

"一带一路"倡议提出五年来,已经基本完成了总体布局。《共建'丝绸之路经济带'和'21世纪海上丝绸之路'愿景与行动》也已经由国务院在2015年3月正式对外发布;2016年8月召开了"一带一路"工作推进会,2017年5月召开了首届"一带一路"国际合作高峰论坛,2018年8月召开了"一带一路"建设工作五周年座谈会。"一带一路"是中国新时代改革开放的总体规划,是推进"人类命运共同体"的路径和桥梁。

"一带一路"已经完成了总体布局的"大写意",未来要进入走深走实的"工笔画"阶段了。

"一带一路"倡议提出五年来,已经成为过去五年全球最为关注的"热词"之一,在国际关系学界也引起了强烈反响。美国和西方对"一带一路"倡议总体持观望或怀疑态度。就在今年9月,美国权威智库"新美国安全研究中心"(Center for a New America Security,CNAS)亚太安全项目发布了名为《权力的游戏：应对中国"一带一路"战略》（POWER PLAY，Addressing China's Belt and Road Strategy）的报告。这是美国智库对"一带一路"倡议做的一个系统研究。美国和欧洲针对中国"一带一路"倡议提出的质疑还真不少。美国国防部长马蒂斯今年6月在美国海军战争学院的毕业典礼上称，中国倡导"一带一路"的真实目的是在周边谋求"霸权"，而这个多元化的世界有"很多条带，很多条路"。

中国国内解读"一带一路"倡议的热度持续不减，引发一波又一波热潮。国内的国际关系学者最近几年从不同层次不同维度持续解读"一带一路"倡议，相关文章和书籍可谓汗牛充栋。有的学者甚至将"一带一路"倡议形容为中华文明5000年历史上绝无仅有的伟大战略构想。到底如何从国际关系理论的角度来定位和解读"一带一路"倡议？这里试着从国际关系理论创新的角度来定位和解读"一带一路"倡议。

"一带一路"倡议与现实主义

现代国际关系理论兴起于第二次世界大战之后，长期以来其话语权和解释权一直在美国学者手里。道理很简单，美国一直是实力最强的全球性大国。现代国际关系理论主要包括现实主义理论、自由主义理论和建构主义理论三个分支。现实主义理论更多强调国家间互动的主要目的是获得权力，对权力（硬权力＋软权力）的追逐是国际关系的核心。但是，争夺权力并不是无序可寻的，历史已经证明，两个或数个大国间争夺权力的结果要么是发生冲突和战争，要么是形成"战略平衡"，即所谓的"均势"。另外，现实主义理论下的国际关系更多是利益导向，价值观和意识形态的差异会屈居第二位。

自由主义实际上是"理想主义"在国际关系中的一种表现形式。也就是说，国家间不一定非要为争夺权力而打得你死我活，很多情况下，是通过构建一套机制来确保大国关系的平衡和平稳。这套合作机制有时显得非常坚韧。比如，苏联垮台后，国际合作机制和国际秩序并没有因为美苏关系的重大失衡而发生颠覆性变化，还是延续着第二次世界大战后逐步建立的基于"雅尔塔体系"的世界秩序。这其实就是合作机制的"韧性"和"惯性"发挥作用的结果。

建构主义理论主要侧重于文化在国际关系中的影响力。

对比以上三种现有的国际关系理论，作者认为"一带一路"倡议本质更接近于"现实主义"。原因有三：

第一，"一带一路"倡议旨在与周边国家打造休戚与共的命运共同体，并不是谋求替代现有国际秩序和国际政治格局。也就是说，"一带一路"倡议并不像"自由主义"理论那样，谋求构建一套新的国际合作机制。

第二，"一带一路"倡议倡导的是中国与周边国家在基础设施互联互通、工业化、能源资源开发、信息产业、产能合作、国际贸易等领域的务实合作。有点"以利相交"的味道，不干涉他国内政，是现行的务实之举，求实举、谋实效，借此扩大中国的影响力。这个意义上讲，"一带一路"倡议更多具有现实主义理论的特点。

第三，"一带一路"倡议在于推动提升中国在中亚、中东、中东欧、东南亚和南亚等地区的综合影响力，特别是经济实力，以在一定程度上实现与传统大国（特别是美国和俄罗斯）在上述地区的"战略均衡"，构建某种意义上的"均势"。从这个意义上讲，"一带一路"倡议更具有现实主义理论的特点。

"一带一路"
Belt and Road Initiative 中国油气与世界

"一带一路"倡议与包容性发展

"一带一路"倡议并非排他性的，而是包容性的。"一带一路"倡议旨在通过"互联互通"实现与其他国家的政策沟通、设施联通、贸易畅通、资金融通和民心相通，让中国的发展惠及周边国家和人民。"一带一路"倡议所倡导的发展其实就是"包容性发展"。

就像我国最高领导人在2010年9月亚太经合组织人力资源开发部长级会议上发表的《深化交流合作 实现包容性增长》中所提出的："实现包容性增长，根本目的是让经济全球化和经济发展成果惠及所有国家和地区、惠及所有人群，在可持续发展中实现经济社会协调发展……"

从最近几年中国政府对"一带一路"倡议的官方解读来看，"一带一路"倡议的包容性至少表现为以下几个方面：一是全球层次各国家之间的包容，即各个国家都应该从全球化中得到好处。这也是中国一直倡导全球化、坚守全球化的道义所在。二是"一带一路"范围内不同地区、不同宗教、不同文化的人民之间的包容，正如"互学互鉴"的丝路精神那样。而且不同地区、不同国家集群应发挥不同功能，彼此之间相互包容。比如，跨国油气管道的建设和运营，有的国家是资源的供应者，有的是过境国，有的是消费国，彼此之间相互合作、相得益彰。三是全民包容，即"一带一路"倡议下的经济合作是为了惠及"一带一路"沿线全民，"一带一路"沿线各国人民共享增长和发展的收益。其实，"共商、共建、共享"正是包容性的最好写照。

"一带一路"倡议：包容性现实主义

显然，如果用一种国际关系理论来解释和定位"一带一路"倡议，那么包容性现实主义更契合。

法则三
大处着眼

国际关系学界都知道,现实主义理论发展到现在,除了有着"大师中的大师"之称的汉斯·摩根索提出的"权力现实主义"理论和大师肯尼斯·华尔兹提出的"结构现实主义"之外,最近二十年又发展出"防御性现实主义"和"进攻性现实主义"。

"一带一路"倡议不属于以上任何一种,它是兼具全球化视野、大国之间竞合的平衡,以及中国儒家文化"达则兼济天下"情怀的综合体。因此,作者思来想去,用"包容性现实主义"来定位"一带一路"倡议也许更合适。

全力打造"一带一路"油气合作2.0版本

(2015年11月25日)

习近平主席分别于2013年9月和10月在哈萨克斯坦和印度尼西亚提出建设"丝绸之路经济带"和"21世纪海上丝绸之路"的"一带一路"倡议以来,全国各重点产业、各省市自治区均纷纷找寻本行业、本地区在"一带一路"建设上的定位,掀起了"一带一路"建设的热潮。就石油天然气行业而言,为大多非专业人士所不知的是,中国的石油企业,尤其是以中国石油为代表的石油央企,早在20世纪90年代中期便开始在"一带一路"内的重点东道国开展较大规模的油气项目投资、工程承包与技术服务、装备制造与产能合作业务。经过近20年的努力拼搏,中国石油企业在"一带一路"油气合作上已走过了起步期和成长期,进入了"有规模有质量有效益可持续发展"的稳定期,取得了丰硕的成果。

截至2014年底,共有超过20家中国石油企业在"一带一路"沿线相关东道国从事油气投资活动,其中包括中国石油、中国石化、中国海油、中化集团和振华石油等国有石油公司和新疆广汇等10多家民营企业。

中国石油是上述石油企业的领头羊,目前在"一带一路"沿线的俄罗斯、哈萨克斯坦、土库曼斯坦、乌兹别克斯坦、塔吉克斯坦、吉尔吉斯斯坦、阿塞拜疆、阿富汗、伊拉克、伊朗、阿曼、阿联酋、沙特阿拉伯、缅甸、泰国、印度尼西亚、蒙古、澳大利亚、莫桑比克等19个国家执行50余个油气合作项目。2014年在上述国家的油气权益产量超过5000万吨,占中国石油海外权益总产量的80%以上;已建成中亚天然气管道ABC线、中哈原油管道、中俄原油管道、中缅油气管道,原油输送能力达到3500万吨,天然气输送能力达到670亿立方米。在国际工程技术、工程建设及装备制造方面,近10年来,中国石油国际工程服务及装备制造业务在"一带一路"沿线国家的年均服务合同总额已达到80亿~100亿美元。中国石油所属制造企业已在哈萨克斯坦建成哈萨克斯坦联合公司,主要业务为油田机修及压力容器制造。在国际原油与天然气贸易方面,以2014年为例,从"一带一路"国家进口原油约5000万吨,占中国石油全年进口量的75%以上;进口天然气约260亿立方米,占中国石油全年进口量(含LNG)的70%以上。

中国石化在"一带一路"沿线的俄罗斯、哈萨克斯坦、阿塞拜疆、沙特阿拉伯、伊朗、也门、澳大利亚、印度尼西亚等国家执行20余个油气合作项目。近年来中国石化一直加快"一带一路"油气合作项目的建设与运营,前几年收购的项目陆续投产,油气权益产量继续保持快速增长。2014年中国石化海外油气权益产量已超过4000万吨,其中超过2500万吨来自"一带一路"沿线国家。"一带一路"节点国家俄罗斯一直是中国石化海外的重点运作区之一,中国石化在俄罗斯萨哈林Ⅱ项目投入了大量人力财力并积累了丰富的海上项目运作经验。中国石化也加大了哈萨克斯坦的业务拓展力度,2015年8月,中国石化以10.87亿美元收购俄罗斯卢克石油公司(Lukoil)所持有的CIR公司50%股权的交易成功完成。

中国海油在"一带一路"沿线的伊拉克、澳大利亚、卡塔尔、印度尼西亚、缅甸等国家执行8个油气合作项目。与中国石油、中国石化相比，中国海油在"一带一路"沿线国家的运作规模无疑要小很多。在跨国经营战略及策略上，中国海油采取了不同于中国石油、中国石化的定位和策略，其海外油气资产主要位于北美、非洲和亚太等地区，处于发达国家和地区的油气资产比例较高。

在"一带一路"沿线国家从事油气合作的中国其他企业还有中化集团、振华石油、延长石油、中信、保利，以及新疆广汇、正和股份、美都控股等企业。目前民营企业在"一带一路"的业务规模较小，项目主要分布在中东和中亚地区。

由此看出，与其他大多行业在"一带一路"建设上尚处于起步期不同，中国的石油公司早已走过了"一带一路"油气合作的"1.0版本"。特别是对于中国的石油央企而言，下步要集中精力，借力"一带一路"建设打造"油气合作升级版"（即"2.0版本"），这是事关石油央企未来10—20年的全球化经营、打造世界级企业，事关保障国家能源安全，事关掌控全球油气市场话语权，事关中国央企转型升级的重中之重。

第一，打造"一带一路"油气合作2.0版本是中国石油企业深入融入全球勘探开发市场、提升资源获取能力、助力全球油气供应的需要。

过去一个时期一直倡导的"资源为王"理念已有所弱化，但对于石油公司而言，哪里有资源，哪里就是石油企业的"家"。"一带一路"沿线国家涵盖了中东、中亚及俄罗斯等全球性油气富集地区，无论从油气剩余探明储量、还是油气待发现资源量、抑或是油气产量的角度看，"一带一路"沿线的份额均占到全球总量的"半壁江山"。巨大的资源容量，决定了中国的石油企业，均把"一带一路"地区视为当前和未来的"战略发展区"或"战略核心区"。

先看"一带一路"地区油气剩余探明储量占比。2014年，石油剩余探明储量合计约1315.1亿吨、占全球总量的55%，其中"一带"沿线国家占54%、"一路"沿线国家占1%；天然气剩余探明储量约142.2万亿立方米、占全球总量的76%，其中"一带"沿线国家占71%、"一路"沿线国家占5%。

再看"一带一路"地区待发现资源潜力占比。2014年，石油待发现资源量合计约530亿吨、占全球总量的47%，其中"一带"沿线国家占42%、"一路"沿线国家占5%；天然气待发现资源量合计约83万亿立方米、占全球总量的68%，其中"一带"沿线国家占60%、"一路"沿线国家占8%。

最后看"一带一路"地区油气产量占比。2014年，原油产量合计约21.6亿吨、占全球总产量的51%，其中"一带"沿线国家占47%、"一路"沿线国家占4%；天然气产量合计约1.69万亿立方米、占全球总量的49%，其中"一带"沿线国家占43%、"一路"沿线国家占6%。

可见，即便国家没有"一带一路"倡议，单就资源的总量看，"一带一路"地区过去是、未来更是中国石油企业"走出去"从事资源勘探开发业务的"主战场"。当前，作为在"一带一路"地区已拥有较强先发优势的中国石油企业，尤其是石油央企更应主动作为，以更大的力度获取和运作"一带一路"地区油气勘探开发项目，努力成为"一带一路"地区乃至全球油气市场的油气供应者。

第二，打造"一带一路"油气合作2.0版本是中国石油企业深度参与并推动构建亚太地区油气贸易与市场体系、提升油气消费市场话语权的需要。

全球油气贸易市场体系与机制一直是西方国家与日本主导的，主要反映在石油天然气价格上。石油主要采用布伦特和WTI价格，已形成全球统一的价格机制；天然气有北美亨利港（Henry Harbor）、日本JCC价格等区域性的价格，目前尚未形成全球统一的定价机制。中国、印度等作为"一带一路"节点国家和全球性油气消费大国，目前只是被动参与和不断适应上述市场与价格体系，此现状是不符合"一带一路"沿线国家根本利益的。中国石油企业需要有所作为，以深度参与谋求改变当前的不合理之处。

就油气出口而言，"一带一路"地区一直是全球油气的输出中心。以2013年为例，"一带一路"地区出口石油14.1亿吨，占世界总量的65%；出口天然气6105亿立方米，约占世界总量的70%。预计到2020年，"一带一路"地区出口石油将达到15亿吨以上，占世界总量的56%；出口天然气约9000亿立方米，占世界总量的71%左右。预计到2030年，"一带一路"地区出口石油将达到17亿吨，占世界总量的71%；出口天然气约9000亿立方米以上，占世界总量的80%左右。

就油气消费而言，"一带一路"地区的占比份额远不如输出量占比。以2014年为例，"一带一路"地区国家（不含中国）原油消费量合计约10.48亿吨，占全球的25%，其中"一带"地区占12%、"一路"地区占13%；天然气消费量合计约1.39万亿立方米，占全球总量的41%，其中"一带"地区占28%、"一路"地区占13%。预计到2030年，"一带一路"地区油气消费量占比略有上升，但不会发生大的变化。

由此可以看出，"一带一路"地区出口着全球约70%的油气量，却只消费着全球约25%的油气量。如此巨大的落差，决定了未来较长一个时期，"一带一路"国家仍然扮演着"资源输出国"的角色。作为卖方，理应在定价机制上掌握较强的话语权，甚至是主导权。中国石油企业理应在争取市场机制话语权和指导权上发挥更大作用。未来一个时期,中国石油企业必须深度参与全球油气贸易市场体系,以横跨中国西北、东北、西南等陆上油气管道、LNG进出口及海上进口通道为依托,全力提升在世界油气贸易总额中的占比,不断提升能力素质,进而实现对世界石油市场拥有更大影响力或话语权的目的。

第三,打造"一带一路"油气合作2.0版本是加强中国油气工业与"一带一路"地区重点国家的优势产能合作、推广应用中国石油工业技术和产业标准的需要。

优势产能合作一直是国家"一带一路"建设的重点切入点与着力点。中国的石油工业虽起步较晚,但发展迅速。中国的石油工程服务(含钻井等工程技术服务业务和油田、炼厂设计建设等工程建设业务)和装备制造产业的发展大致分为两个阶段:改革开放之前,我国的工程服务和装备制造产业的技术和标准主要来自苏联地区,一直跟在苏联"老大哥"后面走;改革开放后,中国海洋石油工业成为国家首批对外开放的产业,石油工业全面、加速引进欧美日等西方发达国家的技术标准。后来,中国石油工业积极融入全球化浪潮,并加大"走出去"力度。到现在,中国的石油工程技术服务和装备制造企业无论在技术标准上、制造水平上,还是在后续服务支持能力上,抑或规模建设运营上,均走在了亚洲各国的前列,已经可以与欧美发达地区的先进水平媲美,而且具有明显的价格优势。

经过20多年的"走出去",中国石油工程服务与装备制造企业目前已在"一带一路"沿线国家拥有一定的市场份额,但这主要是通过"投资带动"实现的。中国的石油企业集团率先在沿线国家进行油气投资项目建设,并担当"作业者",通过作业者的地位与话语权,逐步带动旗下的工程服务和装备制造企业走出去为本企业在当地的油气投资项目提供服务,形成了"甲乙方"综合一体化的运营模式。这也成为中国石油企业跨国经营的比较优势之一。未来一个时期,中国石油工程技术服务与装备制造企业必须走出自家的"内部市场",以"一带一路"建设为契机,通过获取"外部市场"份额,提升自身的国际竞争力和可持续发展能力。

"一带一路"地区未来的工程技术服务市场容量巨大。2014年,"一带一路"沿线国家工程技术服务市场的投资规模接近2000亿美元,占全球工程技术服务市场投资总额的40%以上。未来几年,"一带一路"相关国家的工程服务投资额占全球总份额的比例预计50%左右。我们还注意到,"一带一路"沿线国家本地的工程服务能力与水平偏低,基本上只能够提供常规服务,高端服务几乎完全依赖西方公司。俄罗斯、沙特阿拉伯、伊朗等"一带一路"节点国家的油气工程服务市场规模较大,但准入严格,技术标准有差异(特别是俄罗斯和中亚地区,与中国和西方国家采用的技术标准不一致),而且"本地含量"❶要求相对较高。

我们发现,"一带一路"地区油气装备市场存在较大的上升空间。沿线国家对石油装备的需求涵盖油气上、中、下游各业务领域。据粗略估算,石油装备年需求量在300亿~500亿美元。仅哈萨克斯坦,每年的石油装备需求超过20亿美元。沿线大部分国家和地区石油装备制造的工业基础薄弱,美欧等跨国公司在中高端产品及技术服务市场具有垄断地位,这种格局亟待打破。

由此可以看出,未来中国油气工程服务与装备制造产业与"一带一路"沿线国家的市场互补性较强,我国有技术、有能力、有优势产能,区内相关国家有市场、有需求,理应进一步扩大合作,这也是中国石油工程技术服务和装备

---

❶ 当地含量要求(Local content requirement),一般是请合营企业置办本国的原材料、机器、零配件、燃料等,从而限制其向他国采购。

制造企业下一步发展的希望所在。

第四，打造"一带一路"油气合作2.0版本是中国石油企业加大"走出去"力度，打造国际化经营"升级版"，最终成为世界水平跨国公司的需要。

中国石油企业深度参与"一带一路"建设，其终极目标是打造"世界级的"企业。中国大型石油企业集团，如中国石油、中国石化、中国海油等，已具有20多年的国际化经营历史，它们在"一带一路"沿线国家的投资与经营活动已取得了较为丰富的经验，具有了较强的先发优势。随着"一带一路"建设的深入推进，中国石油企业应顺势而为、再接再厉，再创辉煌。例如，像中国石油这样的企业，应成为"一带一路"建设的排头兵、领头雁。要努力成为"一带一路"沿线的"埃克森美孚"。

国家"一带一路"倡议无疑为中国石油企业，特别是石油央企走出当前低油价的"冬季"注入了一针"强心剂"。中国的石油企业要用好用足"一带一路"倡议带来的发展机遇，本着效益为先、互利共赢、防控风险、绿色发展的原则，打一个漂亮的"翻身仗"，成功实现"一带一路"油气合作由1.0版本向2.0版本的华丽转变。

"气荒"及"一带一路"背景下中国天然气进口的现状与未来

(2017年12月28日)

近年来,业内人士一致预测中国天然气供需市场将维持供大于求的"低景气"周期。然而,去年入冬以来的全国大面积、大范围的天然气断供和"气荒"颠覆了几乎所有专家的判断。

究其原因,一方面政府强力推动实施"煤改气"政策导致全国范围内天然气需求"爆发式"增长,据初步统计,2017年第四季度全国天然气的消费量同比增加30%左右;另一方面,国内天然气产量稳定、基本保持在计划线上运营,一直运营良好的我国最大的海外天然气进口通道——中亚天然气管道今冬却突然显得"不给力"。中亚天然气管道承担着将中亚地区的天然气输至我国新疆霍尔果斯口岸的输送任务。"不给力"的主要原因是我国进口天然气量最大的气源国土库曼斯坦减少了供应。短供最严重时,中亚天然气管道日供气量比计划低4000万立方米左右。这样"一增一减"的突变,使得冬季以来的我国天然气供需格局彻底大反转。突然来临的大范围"气荒"给正处在能源转型期的中国好好上了一课。

最近三年，我国天然气平均消费总量在1900亿立方米左右，平均进口量650亿立方米左右，天然气对外依存度35%左右。在国内天然气产量短期内难以大幅提升的情况下（天然气田从勘探、开发到运输、加工和销售，周期一般为5—10年），天然气消费量的突然增加一方面主要靠进口来补充，一方面要依靠释放储气库中的天然气来满足。目前，我国天然气储气库建设尚处于起步阶段，急剧增长的天然气需求只能通过加大进口来弥补。

我们需要充分汲取这场气荒的教训。为了更从容、更有效地处理未来几年天然气（含液化天然气LNG）供应与消费问题，有必要对目前我国进口天然气及LNG的现状及未来规划做一梳理分析。

过去十年，在中国石油等石油央企作为投资主体和推动建设运营下，横跨我国东北、西北、西南和东部海上四个方向的"多元化"天然气进口通道雏形已成，其中西北通道、西南通道已经投入正常运营。

西北方向，即中亚天然气管道，由A/B/C/D四条管线构成。其中A/B/C三线已经建成投产，天然气输送能力达到550亿立方米/年；D线已经开始动工建设，设计输送能力300亿立方米/年，预计2022年投产。如果将来满负荷输送和运营，西北方向的中亚天然气管道理论上每年可以向中国供应天然气850亿立方米，这一高峰输量预计出现在2025年前后。2017年，通过A/B/C三条线输送到中国的天然气实际供应量接近400亿立方米，中亚天然气管道自2009年12月投产以来，已累计向中国供应天然气超过2100亿立方米。

西南方向，即通过缅甸，从我国云南入境的中缅天然气管道。该管道的气源来自孟加拉湾的海域天然气田。该管道设计输送能力120亿立方米/年，已于2013年投产运营。近两年的实际输送量维持在45亿立方米/年左右。

东北方向，即从俄罗斯进口的天然气通道，分为中俄天然气东线（俄罗斯东西伯利亚至中国黑龙江的管道）和中俄天然气西线（西西伯利亚地区至中国新疆的管道）。东线管道已经开工建设，设计天然气输送量380亿立方米/年，预计2019年10月投产；西线还处在项目建设的前期认证阶段，设计输送量300亿立方米/年。

东部海上方向，主要是以液化天然气形式（LNG）从卡塔尔、澳大利亚、印尼等全球天然气出口大国每年多批次进口一定量的LNG。未来，美国、俄罗斯和加拿大也会成为我国LNG的出口方。2016年11月，美国总统特朗普访华期间，中国石油已经与美国最大的天然气生产出口商切尼尔公司签订了一份为期20年的LNG贸易框架协议，提前锁定了中国市场。2016年12月8日，俄罗斯北极亚马尔LNG一期550万吨/年已经投产，目标市场之一就是中国。加拿大天然气及LNG生产出口设施尚在建设之中，没有明确的计划。据初步统计，最近几年，我国每年从以上国家进口LNG约2000万吨（折合约280亿立方米）。

那么，2017年我国进口天然气及LNG的实际情况是怎样的？来自中国石油经济技术研究院（下称经研院）的数据显示，2017年1—11月，我国累计进口天然气845亿立方米，同比增长26.9%。其中，通过西北、西南跨境管道进口天然气383亿立方米，同比增加27亿立方米，同比增长7.6%；以LNG形式进口3326万吨（折合462亿立方米），同比增加1092万吨，同比增长49.0%。目前，2017年全年天然气进口量的实际数据尚未得到。

按照上述已投产和在建的几大天然气进口通道建设运营进度计划，预计我国进口天然气的高峰将出现在2025—2030年，高峰产量预计将达到2000亿立方米左右（其中来自管道的天然气总量预计为1200亿立方米左右❶，以LNG形式供应中国的天然气量在800亿立方米左右）。按照国家能源局目前的规划，那时我国天然气消费总量在4000亿立方米左右，对外依存度将达到50%左右。当然，后期我国天然气消费量可能进一步增加（能否有实质性的增加取决于国家能源政策的取向），不排除规划设计新的天然气进口通道，我国天然气进口量和对外依存度可能还会继续攀升。

  接下来的问题是，依据目前已经签订的天然气长期贸易协议和现货短期合同，全球各相关天然气供应国能够满足中国对天然气的需求吗？答案是肯定的。就全球范围而言，我们这个世界并不缺天然气，而且会长期处于"供过于求"的买方市场。原因是，随着美国"页岩油气革命"的成功，美国已经由全球天然气进口大国转变为天然气净出口国。美国天然气最大净进口量出现在2002年，当年进口天然气及LNG折合1160亿立方米；从在建产能看，美国2020年LNG出口能力约为6800万吨（相当于940亿立方米左右的天然气），预计2025年美国出口能力为1.95亿吨，2030年将达到2亿吨。这导致原本供应美国的天然气"战略卖家"不得不将目光瞄准中国、印度这样的潜在天然气消费大国。未来5—10年，预计向中国出口天然气（含LNG）的主要国家有土库曼斯坦、俄罗斯、卡塔尔、澳大利亚和美国。

  对于土库曼斯坦、俄罗斯、卡塔尔等此类重点依赖天然气出口创汇的国家，"东道国家主义"和"资源民主主义"盛行，其考虑问题的角度往往不单是经济和企业间合作，还牵扯到了天然气地缘政治。前几年发生的俄罗斯掐断通过乌克兰输往欧洲的天然气管道，就是活生生的例子。相关信息显示，此次

---

❶ 不算中俄天然气西线，西北、西南、东北陆上通道满负荷输量为1350亿立方米，1250亿立方米按照90%的负荷率测算。

土库曼斯坦的短供主要还是客观因素导致的,一方面是供应中国市场的土库曼斯坦国内三大主力气田因过去几年缺少资金而疏于修缮,导致此次关键时期"掉链子";另一方面是用于处理天然气的"缓蚀剂"未及时到位而影响了天然气外输(土库曼斯坦天然气含硫量偏高,在外输前需要加入缓蚀剂进行处理,以降低对外输设施的腐蚀)。值得一提的是,在中亚地区此次天然气短供过程中,中国石油主导作业的土库曼斯坦阿姆河天然气田发挥了增产主力军作用,近两个月平均日增供量达到500万立方米(计划日供应量3500万立方米),一定程度上缓解了此次国内气荒。

此次土库曼斯坦的短供已经敲响了警钟,需要采取天然气进口多元化、加快推进天然气储气库建设等手段保障供给。当然,中国天然气消费"过山车"式的季节差也是导致此次气荒的一大外因。要知道,从今年的消费数据看,我国天然气消费量峰谷比竟然达到10,也就是说,冬季用气高峰量是夏季用气低谷量的10倍,可见天然气用量调峰之难。

最后再简单提一下天然气进口的价格问题,价格问题是全球天然气贸易中的关键因素。目前,我国进口管道气的价格一般是长期合同价格,通过价格公式确定,供需双方可以定期进行价格复议。进口LNG价格包含长期协议价格和短期现货价格两种。经咨询思亚能源(SIA)的LNG专家,目前LNG长期协议价格有两种计价方式:美国出口LNG到其他地区的计价方式是"成本加成法",即美国亨利港交易价(Henry Harbor)+(2.5~3.5)美元/MMBTU的液化成本+(2~2.5)美元/MMBTU的船运成本;非北美地区出口LNG的长协价格是"油价挂钩法",即12%~16%(斜率)×布伦特(Brent)油价+常数。而LNG现货价格主要由消费当地的天然气交易所所确定,不区分LNG的来源地。比如,2017年11月,世界各地的LNG气源到亚洲的现货价格都是一样的,JKM(Japan

Korea Market Price）价格为8.5美元/MMBTU。不难理解，除了那些采用"照付不议"长协贸易合同进口的天然气及LNG外，缺口的那一部分将按照市场规则从国际市场上以较低价格采购来补充。

可以预见的是，随着中国成为全球最大的石油和天然气买家，如何确保海外进口天然气的稳定供应是一个需要各方重视的重大问题。国际天然气供应的一个特点就是不够稳定，正是基于这一点，天然气进口渠道才需要尽可能多元化。只有充分的多元化，才能在降低进口成本的同时，实现"东方不亮西方亮"的积极效果。还需要强调的是，跨国天然气进口从来都不是一个简单的贸易问题，需要将上游天然气田储量资源、中间运输管道、下游消费市场有效衔接。所以，中国石油企业走出去，拥有适度的资源掌控力和话语权，在重要敏感时点发挥关键作用，显得尤为重要。

（本文仅代表作者个人观点，不代表作者所在单位）

法则四

小处入手

"大处着眼"固然重要,但"小处入手"更重要。大处着眼是战略和方向,小处入手是战术和策略。"一带一路"油气合作要想取得成功,就必须从小处入手。

"一带一路"建设，从小处入手

（2017年4月6日）

"一带一路"建设是党和国家领导人基于全球政治经济和战略格局的新变化、新动向，提出的中国与周边国家互联互通和协同发展方案。其原则是"共商、共建、共享"，其实施路径是"五通"，即政策沟通、设施联通、贸易畅通、资金融通和民心相通。"一带一路"倡议提出三年多来，已经上升至国家层面，是我国扩大对外开放的重大举措和经济外交的顶层设计。从这个意义上讲，"一带一路"建设绝对称得上"大处着眼"。其高度、重要性怎么形容和强调均不为过。

如何推进和实施好"一带一路"建设？正如曾国藩所言"大处着眼、小处入手"。要实施推进好这一倡议，还得从小处入手。众所周知，"一带一路"建设的核心载体是项目，若没有项目做支撑，"一带一路"建设便宛若无源之水、无本之木。这里，围绕项目及项目管理，从十个"小"谈谈"一带一路"建设该如何推进。

树立小目标：正如王健林先生所言，"比如先赚上一个亿"，这是个"小目标"。搞"一带一路"建设,在国家大的战略规划框架下,每个参与"一带一路"建设的企业和机构,作为市场主体,应树立自己的"小"目标,做好调查研究,弄清楚自己在"一带一路"沿线节点国家的优势、劣势和面临的机遇与挑战,在此基础上,制定切实可行的目标,并设置达成目标的路径。可以分近、中、远期目标,但目标切忌空洞,最重要的就是要能盈利,或者至少在看得见钱影子的地方投资,千万别为"响应'一带一路'建设的号召而盲动"。

立足小范围:正所谓"利可共而不可独,谋可寡而不可众"。企业或机构负责人在谋划如何参与"一带一路"建设时,一定不要随大流,不能跟风,更不能将社会舆论的导向、新闻媒体的宣传和专家学者的推荐作为自己决策的依据,而是在把握市场动向的基础上,关起门来,问问自己,问问自己的核心团队,有没有必要参与"一带一路"建设或者参与到什么程度。此外,要真正找到与本企业匹配的细分市场,范围小一点,切忌一下子将摊子铺得太大而导致资金链断裂。除中国外,"一带一路"其他64个国家,大多系发展中国家,且多数为伊斯兰国家,明智的做法是选择一个本产业领域的"节点国家"(比如哈萨克斯坦之于石油天然气产业),深耕细作,先做出成效再说。如果能在2~3个小范围、小市场做到领头羊并获得高回报,则说明已经基本成功了。要知道,于企业而言,真正赚钱的就那么几个项目、几个市场,符合"二八法则"。

始于小项目:小项目风险可控,即便失败了,也有回头的余地。"一带一路"沿线国家大多市场化程度低、基础设施差、交易规则欠透明,一些国家存在着较高安全风险,一些国家的政府干预和官员腐败现象比较严重。这时候,比较稳妥的做法就是以投资少、资金回笼快、成熟度高的小项目为突破口,先试试水,再滚动发展。于石油企业而言,特别是民企,资金和技术实力不如央企,做项目要有先后顺序,先从成熟度高的中小型待开发油田或老油田提高采收率项目开干,最好先不要碰风险勘探项目、深水项目或大型油田建设项目。滚动、渐进式发展最重要。

注重小设计:"一带一路"建设的核心载体就是项目,无论设施联通、贸易畅通或资金融通,都是通过项目来实现的,或者都是与项目挂钩的。而设计是项目的源头,往往更加重要。注重源头,就是注重项目的设计方案,要从概念设计和详细设计抓起。统计显示,一个项目的详细设计一旦确定,后续95%左右的投资和工作量就基本确定了,好的设计绝对是"事半功倍",否则,后续花费再多的力量,也难以挽回项目在设计上的"先天性"缺陷。另外,在项目整体设计框架下,一个个细分的小型"设计包"也很重要。总之,小设计牵动着大投资。尤其在"一带一路"建设项目推进过程中,由于投资或经营环境不确定性普遍较高,把握好源头显得更加重要,一定要改变轻设计方案、重建设运营的做法。

纠缠小条款:合同条款是项目执行的"宪法"。如前所述,"一带一路"沿线大多国家市场欠发达,透明与合规程度都较低,这时候,合同条款的清晰程度对维系项目运营、保护投资者利益往往发挥着决定性作用。因此,对合同条款一定要舍得花时间去纠缠,力争做到"吃干榨净"。例如,对于"不可抗力"条款,"一带一路"沿线国家普遍投资环境风险较高,不同程度存在政治、经济、社会和安全风险。对于中方投资者而言,不可抗力的类别和事项一定要界定清楚,可针对当地情况,力争将一些不可控事项纳入不可抗力。再如,对于合同中的仲裁条款也要特别留意,力争实现在具有国际公信力的"第三国"仲裁,而不是本地仲裁或对方的友好国家仲裁。

研提小策略:战略要"大",策略要"小";战略"务虚",策略"务实"。于"一带一路"建设项目而言,对项目经营策略的研提和落实是重中之重。项目经营策略一定是个性化的、差异化的,是基于项目技术和经济评价的定量分析,最终以量化的手段实现量化的成果。当地市场利率、汇率、税率,项目本身债务架构、股权架构、资本成本等,都是项目经营策略所要考虑的范畴。鉴于项目经营策略的"小"和差异性,在研究或优化项目策略时,一定要细化不同情景、不同国别下的应对策略,做到异项目异策略。项目经营策略的深度最能体现一个企业的竞争能力、专业性、工匠精神和精细管理程度。

严控小问题:"千里之堤,溃于蚁穴",在"一带一路"搞项目投资和建设,一定要重视和严控各类"小问题",稍有不慎,小问题就会酿成大风险,甚至造成无法挽回的损失。项目建设和运营过程中,典型的小问题主要包括:一是一些不起眼工程段的质量,最好的办法就是聘请具有国际资质的监理公司,采用"EPC+PMT+PMC"(工程设计采购建设+项目管理团队+项目咨询监理团队的三位一体模式)的项目管理模式,由独立第三方把控工程质量;二是采办过程中的设备标准不统一的问题,要未雨绸缪,提前预判和筹划与标准对接,否则会大大影响项目进度和工期;三是重视"当地含量、当地化比例",多数项目合同条款均规定了投资方要注重当地市场采购、当地承包商服务商供应商的使用,并明确了当地化比率(有些比率是随时间而变化的),投资方或总包方对此要特别给予重视,杜绝一味用自己人、用母国设备物资的现象,多多换位思考,免得遭政府频繁稽查和当地法院起诉;四是关注关爱员工,特别是关注当地员工的个人诉求,哪怕项目上只有一名伊斯兰员工,原则上也要建一间"祷告室",满足当地员工的宗教信仰需求。

深入小地方:以油气项目为例,油气项目与基础设施、产业园区项目不一样,往往地处偏远地带,可能在沙漠腹部,可能在热带丛林,也可能在偏远的海滩。项目所在地要么荒无人烟,要么与当地少数民族的部落、村落,或是被政府忽视的社区相连。这种情况下，项目建设运营能否成功往往取决于项目管理人员"接地气"的程度，在国内，叫"下基层"。海外项目，更要深入当地部落、村落、社区了解情况，了解当地风土人情，不要破坏当地风俗和一些"潜规则"。更重要的是，了解当地对道路使用、水源使用、环保、排放、扬尘、噪声等诸多问题的约束。有些国家虽然基础设施差，甚至处于原始状态，但由于曾是英法等国的殖民地，对环保、可持续等事项的规定比国内还要细、还要严，甚至不亚于发达国家。这种项目，投资建设方务必小心谨慎，避免一不小心掉进"环保陷阱"，牵涉进"社区部落纠纷"而遭遇长时间诉讼或天价罚款。

处好小关系："一带一路"沿线国家大多为伊斯兰国家，伊斯兰国家的一个特点是"大部落、小国家"。在大多数当地人看来，忠于自己的部落、酋长和族长往往是第一位的，其次才有祖国和国家总统、总理的概念。因此，在项目启动、建设和运营过程中，不要思维定式，以为搞定与该国中央政府、项目所在地方政府的关系就万事大吉了；实际上，处理好与项目所在地的部落首长、各类协调人（在国内可以成为"掮客"）的关系才是最重要的。一个真实和典型的案例是，某海外石油项目建设过程中，几名中国员工遭当地绑匪（疑似恐怖分子）绑架，所在国的中央和地方政府对此束手无策，最终还是找到当地部落首领，首领通过自己的关系和渠道，与绑匪头目接上话，才把事情解决，把被绑员工安全解救回来。

关注小人物："一带一路"建设要做好民心相通，民心相通在宏观层面是文明的交汇、跨文化沟通，在微观层面就是关注小人物，关注关爱当地的小人物，因为关注他们就是关注我们自己。从传播学的角度讲，一个大人物对项目建设的成就夸夸其谈的传播效果和说服力，可能远远比不上项目上一个当地小人物讲述的关于该项目的小故事、小插曲。比如，在项目工作的一个小人物，讲述了自己参与项目的心路历程，讲述该项目给他带来的成长价值、给他的家庭带来的物质保障和家庭幸福，可能要比一些无聊的数据和夸夸其谈的可持续发展贡献来得生动，更能感染人。少了小人物这个"点"，是构不成大项目这个"面"的。

"一带一路"建设，需要仰望星空，更需要脚踏实地，除了大处着眼，更多是要小处入手。只有把各类"小事"做好了，"一带一路"建设才有了根基，才能水到渠成。

如何向外国同行推介"一带一路"

（2018年5月28日）

2018年是"一带一路"倡议提出五周年，2013年9月7日和10月8日，习近平主席分别在哈萨克斯坦和印度尼西亚提出共建"丝绸之路经济带"和"21世纪海上丝绸之路"的倡议，简称"一带一路"倡议。据不完全统计，过去五年，习近平主席就在各种国际国内重要场合推介"一带一路"多达40多次，如此高的频率实属罕见。从国家发改委、外交部和商务部等国家部委对"一带一路"倡议的定位和宣贯来看，"一带一路"是立足我国周边、面向全球、将"全球化"进行到底的一面旗帜，是"大时代"下的"大格局"和"大智慧"。

所谓"大时代"，就是世界规则与治理正处在重大的调整与变革中。这样的背景下，中国如何应对，是像对过去一样韬光养晦、消极应对，还是更加积极作为。所谓"大格局"，就是中国不能一直当旁观者、跟随者，而要做参与者和引领者。在国际事务中更多发出中国声音、贡献中国智慧、注入中国元素。所谓"大智慧"，是指"一带一路"倡议借用了"丝绸之路"这样一个历史符号。丝绸之路实际上是东西方不同文明、不同文化、不同民族交往交流的一个统称。丝绸之路不是中国独有的，包容的概念提出之后比较容易被国际接受。

可以说，"一带一路"倡议兼具对外开放、经济合作、大国外交、包容发展、互利共赢、文明交融等特点，至少可以称之为"21世纪上半叶由中国发起的人类最大规模的跨国合作倡议"。过去五年，"一带一路"倡议在中国国内可以说是热翻了天，政府、媒体、企业、大学、智库、研究机构、非政府机构等，可以说是天天宣讲、周周开会、月月回顾、年年总结，热闹非凡。可以说，"一带一路"倡议及其理念在中国已经入脑入心。

"一带一路"倡议在国外传播的情况如何？该如何向外国同行介绍中国的"一带一路"倡议？这里分享两个亲身经历的案例。2018年5月初，我和同事在沙特阿拉伯出差，分别与两拨外国同行就"一带一路"倡议自身及中国石油企业在"一带一路"上的投资与合作进行了交流，此交流算不上带有明显痕迹的"推介"，只是客观地向对方介绍"一带一路"倡议的理念和目前"一带一路"地区开展油气合作的情况，但取得的效果却截然不同。

案例一：在国际能源论坛（International Energy Forum，IEF）利雅得总部向参会人员介绍"一带一路"及相关油气合作情况。IEF是全球三大国际能源组织之一（其余两个分别是石油输出国组织OPEC和国际能源署IEA），2000年前后在沙特阿拉伯前国王阿卜杜拉的倡议下成立。此次造访IEF，IEF秘书长孙贤胜先生特地安排一场别开生面的研讨会（Workshop），参会人员主要是IEF的官员、一些国家驻沙特阿拉伯使馆的大使和能源官员，以及沙特阿拉伯当地的石油界人士。研讨会有两个议题，一是由我向与会人员介绍中国的"一带一路"以及以中国石油为主的中国企业在"一带一路"沿线开展油气合作的情况，二是由同行的政策研究专家潘先生向对方介绍中国天然气消费现状及未来前景。

对于"一带一路",与会人员讨论比较热烈。在问答环节,非洲利比里亚的大使先生问我:"中国的'一带一路'倡议为什么没有包括非洲,要知道,非洲人民是中国人民的老朋友,我们为此感到有点遗憾。"对此,我说:"大使先生,此问题其实被非洲的朋友多次问起,一方面,'一带一路'主要还是侧重于与我国周边国家的合作,中国与非洲的合作有专门的平台,那就是'中非合作论坛';另一方面,2017年以来,'一带一路'涵盖国家的范围不断拓展,已经成为一个开放的国际合作倡议,据我所知,中国政府欢迎所有的国家包括利比里亚参与'一带一路'合作倡议。"大使听后表示认可。另一个问题是巴基斯坦驻沙特阿拉伯大使提出的,他说:"请你谈谈中巴经济走廊目前的进展情况,据说中巴双方正在开展建设从巴基斯坦瓜达尔港到中国新疆的输油管线。"对此,我回答道:"'一带一路'倡议涵盖六大经济走廊,包括中国—俄罗斯—蒙古、中国—中亚—西亚,以及中巴经济走廊等,其中中巴经济走廊推进速度是最快的。据我所知,截至目前中方已经投入600多亿美元,主要用于基础设施和港口建设。至于石油管线,我还没有听到有什么进展,我以前只是在学者的报告和一些书中看到过对建设从瓜达尔港至新疆的管线的学术讨论,也许双方正在开展论证,只是我不清楚具体情况。"此外,我们还就中国天然气发展前景、沙特阿美(Saudi Aramco)上市及沙特阿拉伯《2030愿景》进行了讨论。事后来看,带队领导和同事一致认为,此次在IEF的交流比较顺利成功,达到了预期的效果。

案例二:在沙特阿拉伯国王石油研究中心(King Abdullah Petroleum Studies and Research Center,KAPSARC)与管理和研究人员交流"一带一路"及相关油气合作情况。KAPSARC也是在21世纪初由沙特阿拉伯前国王阿卜杜拉倡议成立的,尽管成立时间不长,但KAPSARC已是国际能源界闻名遐迩的研究院和智

"一带一路"
Belt and Road Initiative 中国油气与世界

库。一是得益于KAPSARC的国际化和多元化。目前，KAPSARC的院长和主管天然气研究的副院长均是美国人，他们参加了交流会；院里的研究人员来自各个国家，其中有几位来自中国，此次交流会就有两位来自中国，其中之一吴先生还是此次双方交流的协调人；而且，沙特阿拉伯女性在研究院里工作可以不用戴头巾和面纱。二是得益于KAPSARC独特的建筑风格，这在沙特阿拉伯乃至整个伊斯兰世界均称得上独具一格。KAPSARC建筑由扎哈·哈迪德建筑事务所设计，是一个模块化的结构，可以像细胞一样生长和繁殖，形成的一系列类似于水晶的结构，从沙漠中浮现出来。蜂巢状的六边形棱柱分别连接了五座建筑，包括能源知识中心、能源计算中心、一个带有展厅和300个座席的会议中心、学术图书馆和穆卡拉（祈祷的地方）。

遗憾的是，在KAPSARC这样一个漂亮而独特的地方，双方的交流效果却差强人意，与预期有一定差距。主要是我向对方介绍"一带一路"及中国企业"一带一路"油气合作现状时，对方的院长和副院长明显心不在焉，他们一直在私下讨论，基本上没有听我讲。当我讲完落座后，对方的副院长还有意无意开了句玩笑，大意是："我们知道中国的'一带一路'很厉害，我听说你们不仅要通过路和桥把世界连接起来，甚至连中间的空气也是你们的了！"对此，我哈哈大笑，没有做更多的解释和说明。当然，双方还简要讨论了一下中国的天然气市场问题，不甚了了。

回顾这两次就"一带一路"交流的真实故事，我思考良久，到底以怎样一种方式向世界讲述"一带一路"倡议，才能不被误解，让对方感受到我们的真诚和善意？"一带一路"倡议作为源自中国的大国主张，在美国某些（或绝大多数）精英人士的眼里是被曲解或不被理解的，抑或是他们根本不愿意去了解这样一个具有"马歇尔计划2.0版"特点的中国式方案，其背后实际上是中美两个大国之间的战略博弈。令人欣慰的是，非洲、中亚和中东等地区的精英人士表现出对"一带一路"倡议的兴趣和认同，至少愿意进一步去了解它是怎样一种主张。

一方面，有人不理解、不了解"一带一路"，这很正常。正如习近平主席在2018年4月博鳌亚洲论坛开幕主旨演讲的结尾郑重提到的："'一带一路'建设是全新的事物，在合作中有些不同意见是完全正常的，只要各方秉持和遵循共商共建共享的原则，就一定能增进合作、化解分歧，把'一带一路'打造成为顺应经济全球化潮流的最广泛国际合作平台，让共建'一带一路'更好造福各国人民。"

另一方面，应该引起高度重视的是，"一带一路"倡议推进落实的真正风险在于全球大国的战略博弈和某些地区大国的战略疑虑。如何在国际上推介"一带一路"倡议是一个值得深入研究的重要工作，开放的心胸和真诚的态度固然十分重要，但"砥砺前行、道法自然、大象无形"，默默地去做，以实际成果证明"一带一路"是一项互利共赢的包容性发展倡议，恐怕更加重要。

巴库归来话"丝路":不仅仅是石油

(2017年4月27日)

作为石油人,我一直希望有机会去巴库看看。因为巴库是现代石油工业的发源地之一,也是世界著名的"石油城",其知名度不亚于美国的休斯敦、沙特阿拉伯的胡拜尔、加拿大的卡尔加里和中国的大庆。4月11日,愿望终于成真。我乘坐阿塞拜疆航空公司的航班,和其他几位同事直飞巴库,参加一年一度的"里海能源国际论坛"。

阿塞拜疆—石油—天然气—巴库

阿塞拜疆位于欧亚两洲交接处,地理位置十分重要,这一点很像土耳其,是东西方文明的交汇点。19世纪30年代,阿塞拜疆并入沙俄。1917年11月,阿塞拜疆建立了苏维埃政权,并于1936年正式成为苏联的加盟共和国。1991年2月6日,改国名为"阿塞拜疆共和国",当年10月18日正式独立。由于其特殊的地理位置,阿塞拜疆一直以来都是俄罗斯和西方在外高加索地区地缘政治和能源争夺的中心。

法则四
小处入手

大约1000多年前，人们便在阿塞拜疆发现了石油和天然气，且发现从地下源源不断地冒出火苗，永不停息。当地人认为这是神灵的恩赐，出于对火的敬畏，他们将所在的这片土地称为"阿塞拜疆"，意为"火的国家"。这一点与古波斯有类似的特点。我想，金庸笔下的"圣火令"也许不一定来自波斯，也可能来自阿塞拜疆！这两个国家本来挨得就挺近，中间只隔着格鲁吉亚。

巴库是阿塞拜疆的首都，作为世界上为仅有的几个开启现代石油工业的地方，巴库见证了自19世纪60年代（1860年）以来，石油工业的起起落落。直到现在，巴库这座城市的石油迹象依然很明显，石油的"色彩"一直保持到现在乃至很久的未来。像巴库这样保持着150年以上现代石油工业痕迹的城市，全世界真可谓绝无仅有。因为无论是休斯敦、卡尔加里，还是大庆，只是20世纪50—60年代（1960年）才逐步作为"石油城"为世人熟知。而与巴库几乎同时期发现石油的美国宾夕法尼亚州泰特斯维尔城的石油溪，早已被人们所遗忘。可以说，巴库是世界石油工业的"圣殿"，其青春犹在，生命犹在。

苏联地区也是现代石油工业的主要发源地之一，其主力油区便是阿塞拜疆的巴库油田。有关巴库油田最为"讲究"的故事便是第二次世界大战时期斯大林和希特勒关于该油田的争夺战。据当时的苏联石油部长巴伊巴科夫回忆，有一天斯大林把他叫去，对他说："巴伊巴科夫同志，希特勒奔高加索（巴库油田所在地）来了。要想尽一切办法让德国人一滴石油也得不到。"接着，斯大林稍稍加重了语气说："请记住，如果您哪怕只给德国人留下一吨石油，我们将会枪毙您。"斯大林在办公桌前缓缓地来回踱步，稍微停顿了一下后又补充了一句："不过，如果您过早地炸毁石油设施，而德国人未能夺取它们，我们又没有燃料用，我们同样会枪毙您。"巴伊巴科夫对斯大林说："你让我无法选择。"斯大林回答说："想一想该怎么做吧。"

这是一段真实的历史，足以看出，巴库油田对于战争双方是多么重要！

这一次，终于踏上阿塞拜疆的国土，亲自感受巴库这座石油名城的风采！4月13日，我们驱车两小时从巴库市区赶往K&K项目油田现场调研。行驶在市区的海滨大道上，一边是一望无垠的里海，一边是高楼林立的现代化都市，几乎看不到石油的踪迹。空气中弥漫着淡淡的石油的味道（可能是海上的油轮飘过来的），提醒着我们，这里是现代石油工业的发源地。

走着走着，忽然看到海边还有一些密密麻麻的油井和"磕头机"。这才把我带回一百多年前那个充满光荣与梦想、财富与机遇的石油城——巴库。终于看到了！终于感受到巴库作为"石油名城"的痕迹了！正是在这里，发端了阿塞拜疆、苏联乃至全球百年现代油气工业。这些井大多已停止了"工作"，"安静"地竖立在那里，沧桑而又苍茫地陈列着上百年如一日的历史。项目公司的同事告诉我，这些井的间距非常小，小到只有20米左右！

当然，现在的阿塞拜疆已经不靠这些陆上油井了。目前，这个国家油气生产和出口，高度集中在以ACG、沙赫德尼兹（Shah Deniz）为代表的几个海上巨型项目，离岸几十公里。所以，从岸上并不能看到巴库最具现代油气工业气息的一面。

里海能源国际论坛

第四届国际里海能源论坛于2017年4月12日在阿塞拜疆巴库举行。该论坛由阿塞拜疆政府和里海欧洲俱乐部（即里海商务俱乐部）提供赞助和支持。参加本届论坛的嘉宾有阿塞拜疆与里海及波罗的海地区国家政府机构代表、企业界人士、驻阿塞拜疆外交使团等，参会人数200多位。论坛重点探讨阿塞拜疆经济多元化改革，南部天然气走廊项目以及里海地区的资源潜力，中国"一带一路"建设倡议下阿塞拜疆面临的机遇等方面的议题。总体感受是：

阿塞拜疆正大力推进经济多元化发展。自1991年独立后的二十多年来，阿塞拜疆政府以发展石油产业为重点，重振国家经济卓有成效。里海油气的成功开发促进了阿塞拜疆经济和社会飞速发展。为摆脱经济对石油天然气的严重依赖，近年来阿塞拜疆积极推动经济多元化，大力发展非能源领域的经济。立足于地缘位置优势，阿塞拜疆政府提出和参与了多项联通欧亚的大项目，如建设"欧亚运输走廊"计划，即建设欧洲—黑海—高加索—里海—中亚运输走廊；继续扩建可供运输机降落的巴库机场，打造"空中枢纽"等项目，力争将阿塞拜疆打造成连接欧亚的枢纽。巴库国际机场给人耳目一新的感觉，人不多，一切都很新，设计精巧。项目公司的同事告诉我们，巴库国际机场是全球"十大最佳设计机场"之一。此外，阿塞拜疆政府提供优惠措施，吸引外资。该国在税收及市场准入方面制定了一些优惠政策（这里不再展开叙述）。总的看来，阿塞拜疆政府大力推动经济发展多元化，大力拓展非油气领域，既是低油价、低景气周期下的无奈之举，是阿塞拜疆实现经济和社会可持续发展的坚定路线。

阿塞拜疆还是离不开石油，正大力推进南部天然气走廊并着重发展石化项目。此次论坛之前，就对阿塞拜疆油气合作动向有所了解，2014年9月，筹备多年的南部天然气走廊项目开工仪式在巴库举行。该项目包括跨安纳托利亚天然气管道（TANAP）和跨亚得里亚海（TAP）天然气管道建设，项目总投资约480亿美元。气源主要来自沙赫德尼兹（Shah Deniz）气田二期开发。2016年，TANAP项目框架下已签署的工程承包合同额达45亿美元，土耳其生产商和供应商承揽约80%的工程量，该管道有望2018年6月实现供气。TAP管道陆上部分建设在2016年中期启动，海上部分于2017年底或2018年初启动建设，预计2020年可向欧洲供气。该项目建成后,将极大改变欧洲能源版图。

此次论坛透露出,阿塞拜疆正大力发展炼厂改造和石化综合体项目。目前,阿塞拜疆国家石油公司(SOCAR)正在对盖达尔·阿利耶夫炼厂进行升级改造,计划2018年底完工,届时炼厂年加工能力从600万吨增至750万吨,并将生产符合欧5标准的油品。此外,2014年SOCAR确定了油气加工和石油综合体项目的布局方案和经济指标,现正按计划进行。该项目总投资预估约144亿美元,包括新建一家石油加工厂、一家天然气处理厂及电站和一家石化生产厂。届时可生产的油品和石化产品不仅可满足国内需求,还可向周边国家出口。

阿塞拜疆"向东看"倾向明显,正积极参与"一带一路"建设。虽地处中亚地区,阿塞拜疆自认为是欧洲的一部分,比如足球比赛时,阿塞拜疆球队通常被分到欧洲组,这也导致它在国际大赛中一直难以出线。作为"一带一路"上的重要枢纽,阿塞拜疆政府积极响应中国提出的"一带一路"倡议,与中国已就共同建设"丝绸之路经济带"达成共识,希望搭乘中国经济发展快车,实现经济上的新跨越。

此次论坛上,阿塞拜疆政府高层专题解读和介绍了中国"一带一路"倡议的基本情况,支持并愿积极参与共建"一带一路"。阿塞拜疆政府的意图在于,借力"一带一路",大力推进国内海、空、铁路和公路干线及交通工具建设,使阿塞拜疆成为欧亚运输走廊的交通枢纽,成为地区运输后勤保障的中心。4月14日,我们还拜访了阿塞拜疆总统直属战略研究中心,与对方的能源高级专家进行了面对面交流,明显感到,阿塞拜疆政府期望的中阿合作重心在交通与基础设施领域,油气资源的合作开发倒在其次。

看得出,阿塞拜疆非常看好中国"一带一路"建设的倡议,希望搭上这趟"快车",将自身打造成为"丝路"重要的战略支点,借以提升其东西方"转折点"的地位和作用。

在文化和国家治理上,阿塞拜疆是"专制"与"开放"的结合体,有点怪异。说它专制,是因为老总统阿里耶夫将位置传给了自己的儿子伊利哈姆·阿利耶夫,这个国家的法律明文规定,不允许在公共场合议论总统。最让人大跌眼镜的是,伊利哈姆·阿利耶夫还任命其夫人为第一副总统,据说是因为他们唯一的儿子年纪还小,万一有什么不测,其夫人可顺利上位,以便为儿子未来接班铺好路。说它开放,是因为虽然总体上信奉伊斯兰教,但大街上扎头巾的女人少之又少,是一个非常"入世"的国家,有着明显的欧洲国家风格,巴库更是具有国际商业中心的魅力;这个国家的经济市场化程度很高,作为其经济命脉的石油工业,80%的产量源自外国石油公司的区块,对外合作程度非常高。

短短几天的出差,巴库给我留下了很好的印象,感动和感触之余,附上打油诗一首:

> 年少仰慕巴库油,
> 今日亲临夙愿酬。
> 里海开发显神通,
> 丝路发展拔头筹。

祝福阿塞拜疆、祝福巴库。

法则 五

企业为先

相比政治先行、战略先行、文化先行抑或金融先行,企业(经济)先行遭遇的阻碍和风险小得多,更容易取得成功。

中国企业在"一带一路"国家已经具有一定投资规模和市场合作基础,下步可依托"一带一路"构架迅速巩固和扩大合作空间。

"一带一路"项目建设运营需要抓好三件事

（2017年6月2日）

合作项目是"一带一路"倡议推进实施的载体和主体。若没有项目做支撑，"一带一路"倡议便宛若空中楼阁、无本之木。

以油气合作项目为例，项目公司一般是多方参与的联合体，不仅需要按照合同的相关条款进行运营，受到所在国法律法规的约束，还需要兼顾不同合作伙伴的利益诉求，政治、经济、社会、文化等多种元素在项目的运营中交织碰撞。油气合作项目的建设运营水平很大程度上反映了一个石油公司的竞争力。

总结20多年来石油央企海外油气项目建设运营与管理的经验与教训，特别是在如何搞好"一带一路"油气合作项目建设与运营上，重中之重是要抓好三件事：一是恪守国际惯例和准则，这是有效参与"一带一路"油气合作的基础与核心；二是充分发挥自身特色优势，采取扬长避短、差异化定位等策略，使项目建设运营达到事半功倍的效果；三是注重本地化立足，充分融入"一带一路"当地环境，为东道国和当地社区所接受。一言蔽之，成功的"一带一路"项目建设运营＝国际规则＋中方优势＋本地立足。

首先，恪守国际规则。什么是国际规则？很难用一两句话说清楚。一方面，它的内涵非常丰富，包括公司以外的政治文化、法律法规、金融商务等，也包含公司内部的治理架构、管理模式、制度体系等；另一方面，它不仅指看得见的成文规则，更包括很多看不见的"know-how"。正由于国际规则复杂丰富、形式不定，这决定了中国石油企业要熟练掌握国际准则必将是一个艰难爬坡的过程，甚至要交出不菲的学费。

国际准则一方面来自跨国油公司利益最大化和保护自己的需要，另一方面源于东道国充分利用国际资本和技术，同时把握本国资源的主动权的诉求。两者在不断博弈中，逐步形成了国际油气合作的游戏规则。例如在项目公司的运营和管控上，为了保障不同利益方的权益，规范项目的治理和运作，国际通行的做法包括利用联合公司董事会、联管会及相关技术和商务委员会等决策机构，通过派遣股东代表和行使表达权，对项目公司日常运营的重大事项进行审议和决策；实行年度工作计划与预算（Work Program & Budget，WPB）制度，合作伙伴和东道国政府通过对年度WPB的审批，确定项目公司的工作内容；在年度WPB执行过程中，实行单项工程费用审定单（Authorization For Expenditure，AFE）、预算变更申请单（Budget Change Request，BCR）、筹款制（CASH CALL）等制度，通过过程管理将运营过程中的风险降至最低。

相对而言，"一带一路"地区重点东道国投资环境风险普遍较高，项目建设运营最好不要单打独斗，而应该采取抱团取暖的方式，积极吸纳当地企业（或东道国国家石油公司）、国际同行，组成合资公司或联合作业体，按照国际惯例和规则，共同建设和运营项目，共担风险、共享收益。特别是一些特大型的、总投资高达数十亿甚至上百亿美元的项目，更要吸纳有实力的合作伙伴参与。

其次,发挥中国优势。中国石油企业"走出去"较晚,融入国际社会更晚,无论装备、技术还是跨国经营管理经验,都与国际大石油公司存在较大差距。过去20多年,中国大石油企业海外业务拓展之所以迅猛,很大程度上是因为充分发挥了自身优势,走出了一条不同于国际大石油公司的"差异化"之路。

其一,中国石油企业借助我国与中亚、非洲、拉丁美洲、东南亚等地区良好的政治外交关系,在国家"能源外交"的大力推动下,积极开拓国际石油巨头尚未进入或进入后又退出的油气市场,创造了令国际同行惊讶的勘探开发业绩。其二,在技术上,中国石油企业虽然整体水平不如国际石油公司,但通过半个世纪以来在中国众多油田的实践积累,在特定领域形成了超越西方公司的特色技术。为这些特色技术找到用武之地,能够使其转化为中国企业的比较优势,在其与国际石油公司的对决中一招制胜。比如精细勘探开发和油藏管理技术在海外项目的应用,使得中国石油成功勘探发现了苏丹3/7区千万吨级大油田。其三,得益于中国石油工业培养了一大批作风优良,具有吃苦耐劳、艰苦奋斗优良品质的员工,他们抱有"忠诚、担当、创业、奉献"的情怀和使命感,这些品质往往会在项目建设运营的关键时期发挥重要作用。其四,得益于中国大型石油企业的全产业链发展优势,中国大型石油企业基本上均是上下游一体化、甲乙方一体化的组合性"航母舰队群",产业链各环节之间协同发展的一体化优势非常明显,往往能够给东道国政府提供"一揽子"的解决方案。

当前及今后一个时期,"一带一路"油气合作项目建设和运营更需要充分发挥中方优势。需要打造和形成一批新的"技术利器",保持足够的竞争优势;需要持续地"扎扎实实干事业,扑下身子求发展",以"石油精神""工匠精神"推动项目快速高效建设;更需要将中国的政治优势、能源外交转化为实实在在的项目开发的顶层设计,使其更具操作性;还要打造"一体化发展"的转型升级版,重塑"一带一路"油气合作的商业模式。

最后,注重本地立足。"思考全球化、行动本地化"是近几十年来跨国公司一直在追求和践行的。"本地化"是跨国公司发展战略和策略的重要组成部分。对于不同行业的跨国企业,本地化的内涵也有所不同。汽车、日用消费品等以市场为导向的跨国企业,它们强调市场和研发的本地化,通过理解本地市场的消费心理和情感需求,开发出能够满足本地消费者需求的、适销对路的产品,以克服消费文化的隔阂,拉近与消费者的距离,赢得消费者的认可。而能源资源类跨国企业,它们更加注重采办服务和人力的本地化,特别在人力资源本地化方面,充分利用当地人力资源,培养具有较高忠诚度的本地化人才队伍,帮助企业适应差异性的经营环境,建立因地制宜的经营策略,融入当地社会和文化,更好地与当地政府和民众绑定在一起,提升本地化响应能力。

近十年,中国大型石油企业海外项目员工本地化进程总体不错,平均本地化率已超过85%,但主要是普通工作岗位和一线操作岗位的本地化。下一阶段的"一带一路"油气项目合作,更多是要将一些关键技术和管理岗位本地化,以此真正推动当地员工能力的提升。还要加大本地采购的力度,通过与本地承包商、供应商、服务商建立合资公司的方式,大幅提升本地含量水平,提升当地制药业、服务业的水平。只有这样,才能履行世界优秀企业公民的责任。要真正融入当地,尊重遵守当地文化习俗,通过互利共赢实现"民心相通"。

说到底,真正衡量"一带一路"合作项目好坏的标准是项目能否达到效益标准、能否盈利。实践和经验表明,恪守国际惯例、发挥中方优势、注重本地立足是保证一个项目成为好项目的"三驾马车",需要今后在"一带一路"建设中一以贯之地执行。

"一带一路"建设应让企业先行

（2016年1月22日）

自习近平主席分别于2013年9月和10月在哈萨克斯坦和印度尼西亚提出建设"丝绸之路经济带"和"21世纪海上丝绸之路"的倡议以来，"一带一路"建设迅速上升至国家战略层面。在国家部委、地方政府、研究机构、学界、企业界、媒体等"利益相关者"的大力推介下，"一带一路"建设已被提升至前所未有的高度，热度持续不减，两年来一直在"沸腾"的状态下持续。

唱响"一带一路"建设主旋律可谓应时应景，国家领导人和中央政府力推，社会各界支持。于是乎，"利益相关者"们有思路的出思路，有钱的出钱，能呐喊的在扯着嗓子呐喊，好不热闹，"一带一路"建设俨然成为新时期国家进一步推动改革开放的核心主题。

诚然，从历史、地缘政治与大国关系、经济和社会发展等各种角度看，"一带一路"建设倡议十分必要及时，堪称伟大。但历史和现实、国内和国外的经验告诉我们，"知易行难"，真正的伟大和成功是干出来的，而不是喊出来的。一项倡议的顶层设计再好，如果缺少可操作性和执行力，那只能落得个

"一带一路"
Belt and Road Initiative 中国油气与世界

"一流战略＋三流执行＝三流效果"的无奈结局。

放眼当下，畅想"一带一路"美妙前景的多，能拿出实质性、可操作性的方案少；政府、研究机构、学界围绕"一带一路"建设的大会小会和培训讲座多，实际达成和签署的合作项目少；出书和写文章的居多，开展实质性商务谈判和签约的少；政府这只"看得见的手"主导居多，市场和企业真正发挥作用的少。总体是务虚太多，务实太少。少一点空谈，多一点实干，"一带一路"建设让企业先行！构建一个市场化的、以经济合作为核心的"一带一路"比什么都重要。

一是，中国企业在"一带一路"国家已经具有一定投资规模和市场合作基础，下步可依托"一带一路"构架迅速巩固和扩大合作空间。以能源行业为例，截至2015年底，共有超过20家中国石油企业在"一带一路"沿线相关东道国（中亚俄罗斯、中东、亚太三大地区）从事石油天然气投资活动，其中包括中国石油、中国石化、中国海油、中化集团和振华石油等国有石油公司和新疆广汇、华信能源等10多家民营企业，累计总投资已超过1000亿美元，油气生产规模已超过2亿吨当量，其中仅中国石油一家的投资规模就已达500亿美元以上，建成的油气生产规模已超过1亿吨当量，这还不包括油气贸易、工程技术、工程建设和装备产能合作等业务。因此，"一带一路"建设倡议的提出，为中国能源企业进一步做强做优"带内"油气业务，打造油气合作"转型升级版"提供了难得的契机，中国能源企业理应再接再厉，进一步深化合作。公路、铁路、电力等产业的企业也已在"带内"有较大规模的投资，需要借助"一带一路"建设东风，顺势而上。

二是，相比政治先行、战略先行、文化先行抑或金融先行，企业（经济）先行遭遇的阻碍和风险小得多，更容易取得成功。众所周知，"一带一路"建设倡议提出以来，一直遭到美国、印度、俄罗斯、日本等与中国有地缘政治冲突或文化价值观冲突的国家的抵制或变相抵制。如果在"带内"大张旗鼓推行我们认可的政治体制观、价值观，则"中国威胁论"等妖魔化中国的言论和势力将呈几何级数放大，将对推行"一带一路"建设带来极大阻碍和风险。因此，今后一个时期的"一带一路"建设，应本着求真务实、稳健推进的原则，倡导企业先行、经济合作优先。以经济合作带动其他方面的合作。

三是，让企业先行意味着"一带一路"建设将拥有稳固的经济基础，只有经济基础牢固了，"一带一路"这个"上层建筑"才能稳定可持续。企业的本质是逐利的。让企业先行意味着中国的企业在"一带一路"开展国际化经营的核心目的是实现有质量有效益的发展。只有我们的企业赚钱了，"一带一路"建设才能惠及其他的"利益相关者"，才能实现可持续发展，才能推动政治、战略、文化、体制机制等全方位的合作和接轨。企业能否盈利是"一带一路"建设是否长久的生命力所在。

四是，让企业先行可以助推中国企业"走出去"，锻造一批真正意义上的跨国企业，没有一批像样的跨国公司，将难以实现中国梦、大国梦。"一带一路"国家与中国有着相似的文明底蕴，有着与中国相似的金字塔式的社会结构和治理理念，这有利于中国企业在"带内"投资合作获得更大的认可和支持，从而在相对较短的时间内快速提升国际化经营的层次和规模，促使一批实力较强的中国企业早日实现全球化运营的目标。更多有实力的中国跨国公司出现无疑将反哺中国在全球地位的提升，实现"以企业发展带动国家发展"的良性循环。

五是，企业作为市场竞争的主体，让企业先行有助于在"一带一路"范围内构建中国牵引的市场经济体系，早日实现由"中国制造"向"中国标准""中国创造"转变。常常挂在嘴边的国际市场和交易规则、国际规范和标准，归根到底是企业在践行和维护。企业若能在"一带一路"建设上先行一步，越来越多的中国企业无疑将形成一股强大的力量，推动"带内"当地的产业标准朝着"中国标准""中国规范"演变，由"中国制造"向"中国标准""中国创造"的转变将会水到渠成。

因此，要做到：把自主权尽量交给企业，让企业按照市场规律走出去拓展"一带一路"市场，政府只是在合作政策、风险预警、筹融资等方面给予必要的指导和支持；鼓励中国大型国有企业与民企结伴而行，共同拓展"一带一路"节点国家市场，相互扶持，共同发展；鼓励中国企业、欧美企业与"一带一路"本地企业通过三方或多方联合体（财团）的形式，抱团取暖，降低投资风险，协同发展；推动与"带内"节点国家构建若干自由贸易区，引导构建新的、符合"带内"主要国家利益的经贸合作机制，推动中国成为"一带一路"经济体的规则制定者；强化实体经济与金融业务的协同，强力推动"带内"的人民币结算业务及人民币与"带内"其他币种的价差，为企业在"带内"的投资活动提供低成本资金。从这个角度讲，近期亚洲基础设施投资银行（亚投行）的成立和运作是真正意义上的求实举、谋实效。

总之，"一带一路"不是唐僧肉，不能以"分一杯羹"的心态一哄而上抢夺资源和话语权；"一带一路"也不是通往更高政治地位的阶梯，谁夸耀得漂亮完美谁就能摇身一变成权威、"大家"；"一带一路"更不是高屋建瓴的战略，谁拥有它谁就能占领制高点。说白了，建设"一带一路"最需要的不是坐而论道，而是起而行之。

石油央企的"一带一路"使命

(2015年3月28日)

石油央企在"一带一路"建设上到底发挥什么作用?

首先,中国石油央企在参与"一带一路"建设上已经拥有较强的先发优势。

截至2014年底,共有超过20家中国石油企业在"一带一路"沿线相关东道国从事油气投资活动,其中包括中国石油、中国石化、中国海油、中化集团和振华石油等国有石油公司和新疆广汇等10多家民营企业。毫不夸张地说,中国石油是上述石油企业的领头羊,目前在"一带一路"沿线的俄罗斯、哈萨克斯坦、土库曼斯坦、乌兹别克斯坦、塔吉克斯坦、吉尔吉斯斯坦、阿塞拜疆、阿富汗、伊拉克、伊朗、阿曼、阿联酋、沙特阿拉伯、缅甸、泰国、印度尼西亚、蒙古、澳大利亚、莫桑比克等19个国家执行50余个油气合作项目,累计投入已超过450亿美元,占中国石油海外累计投入的65%。2014年在以上国家的油气权益产量超过5000万吨,占中国石油当年海外权益总产量的80%以上;已建成中亚天然气管道A/B/C线、中哈原油管道、中俄原油管道、中缅油气管道,原油输送能力达到3500万吨,天然气输送能力达到670亿立方米。另外在国际工程技术、工程建设及装备制造方面,近十年来,中国石油国际工程服务及装备制造业务在"一带一路"国家的年均服务合同总额已达到80亿~100亿美元。中国石油所属制造企业已在哈萨克斯坦建成哈萨克联合公司,主要业务为油田机修及压力容器制造。在国际原油与天然气贸易方面,以2014年为例,从"一带一路"国家进口原油约5000万吨,占中国石油全年进口量的75%以上;进口天然气约260亿方,占中国石油全年进口量(含LNG)的70%以上。

其次,要通过"四个转变"打造中国石油央企"一带一路"油气合作2.0版本。

与其他大多行业在"一带一路"建设上尚处于起步期不同,中国石油基本走过了带内油气合作的"1.0版本"。下步要集中精力,积极参与"一带一路"建设,打造带内油气合作的"合作升级版"(即"2.0版本"),这是事关中国石油未来10~20年的全球化经营、打造世界级企业,事关保障国家能源安全,事关掌控全球油气市场话语权,事关中国央企转型升级的重中之重。具体而言,要实现"四个转变"。

一是从过去局限于保障中国能源安全的一国保障思维转变为着眼于亚洲共同能源安全的区域性保障。紧紧抓住全球油气格局变化和地缘政治调整的战略机遇,以资源和市场互联互通为基础,构建泛亚油气管网,提升一体化水平,构建亚洲油气安全共保体系。

二是从过去担负的保供(政治责任)和保效(经济责任)双重责任转变为"保效为主、保供为辅"。让中国石油回归"企业",成为真正意义上的市场竞争主体,以"一带一路"为大舞台,专业专注地打造世界级石油企业。

三是从过去的"资本输出"转变为中国制造、中国标准、中国技术和人力资本的全方位"走出去"。以资本输出（油气合作项目）为驱动，带动中国石油工业技术、产能、产业走出去，根据各国诉求，推动全产业链的一体化油气互利合作，同时带动国内油气产业升级。

四是从过去的油气交易、贸易以美元结算为主，转变为以人民币结算为主。以油气合作为先导，促进区域经济更宽领域、更深层次的融合发展和地区多货币结算体系的建立，推动发展能源金融，推动提高人民币的国际地位。

再次，应全力构筑以"1+1+6+5+N"为核心、辐射中东及非洲重点油气东道国的"一带一路"油气产业格局。

这里提出"一带一路"之"1+1+6+5+N"油气圈。所谓"1+1+6+5+N"，是我概括的一个形象说法，其中第一个"1"是中国，第二个"1"是俄罗斯，"6"指哈萨克斯坦、土库曼斯坦、乌兹别克斯坦、塔吉克斯坦、吉尔吉斯斯坦和阿塞拜疆6国，"5"指缅甸、孟加拉国、印度、巴基斯坦和阿富汗南亚5国，N指中东（西亚）和非洲相关油气出口国，以及亚太地区的澳大利亚等。

中国："一带一路"油气合作的"起点"。所谓起点，就是中国是"一带一路"的发起者，要担负起"引擎"和"引导"的责任。之所以说是"引擎"，是因为中国拥有巨大且有潜力的国内油气消费市场，这一市场在未来较长一个时期依然被看好。之所以说"引导"，是指中国在"一带一路"建设上还应扮演"设计者"，要研究提出"一带一路"建设的顶层设计方案。

俄罗斯："一带一路"油气合作的"着力点"。中俄未来油气合作的巨大互补性和合作空间注定了俄罗斯必将成为"一带一路"油气合作的着力点。中国推动"一带一路"建设，俄罗斯是无论如何也绕不过去的。俄罗斯拥有丰富的油气资源，中国拥有最具潜力和活力的市场，两个国家直接接壤，而且当前以及今后一个时期全球战略格局的新动向需要两国更加紧密合作。因此，不论是地缘上，还是资源、市场上，乃至意识形态和两国关系上，中俄两国在油气合作上是最具互补性的。着力点的另一层含义是中俄油气合作的巨大潜力尚待发掘，当前的合作规模依然太小，需要双方共同"着力"。

中亚6国："一带一路"油气合作的"立足点"。之所以说是"立足点"，一是因为中亚地区自古以来就是中国"西进"的必由之路。当然这里的"西进"是贸易的西进、和平的西进。二是从当前"一带一路"油气合作业已取得的成果来看，中亚6国是"一带一路"建设上最具实力、最有基础的地区。三是，中亚地区油气资源丰富，里海地区更是被称为"第二中东"，未来油气合作潜力巨大。四是，中亚地区连接中东，是欧亚大陆的核心组成部分。以上四个因素决定了中亚6国是"一带一路"建设的立足点。

南亚5国："一带一路"油气合作的"提升点"。之所以说是"提升点"，直白地说是因为过去做得不够好，是弱点，所以才需要提升。从"一带一路"建设的角度讲，南亚地区长期以来不被重视，主要原因是这一地区的资源基础比较薄弱。再加上长期以来，印度一直视中国为主要战略对手。但"一带一路"建设，少了印度这个南亚地区的大国的支持，"一带一路"就是不完整的。巴基斯坦是中国传统的友好合作伙伴，中巴油气合作势在必行。阿富汗的地缘位置十分突出，中国应在阿富汗重建和未来发展中发挥更大的作用。

中东北非："一带一路"油气合作的"闪光点"。自2011年"阿拉伯之春"在中东北非上演以来，该地区一直是全球的热点、难点和重点。说是热点，中东北非是全球最吸引眼球的地区之一；说是难点，中东北非交织着宗教冲突、部落冲突、大国冲突、资源冲突等，剪不断、理还乱，主要的问题一直没有得到解决；说是重点，中东北非是全球的"油库"，是欧亚大陆这一全球心脏的重要地带，是"一带一路"中除中亚、俄罗斯外与中国接壤的地带，是

"一带一路"建设的重中之重。中东北非虽然政局动荡,但实在太有魅力,一直闪烁着耀眼的光芒。就其资源规模以及与中国政治、经济、文化的契合度而言,无疑是"一带一路"建设的"闪光点"。

澳大利亚:"一带一路"油气合作的"非常点"。之所以说澳大利亚是"一带一路"的"非常点",一是其天然气和LNG产业将雄冠全球;二是其煤层气资源非常丰富,国际大公司竞相涉及;三是其页岩气资源量也不可小视。需要警惕的是,在澳大利亚进行油气勘探开发项目运营,土地、水、原住民、法律、环保、碳交易、劳工等非技术风险层出不穷。中国石油企业当前在澳大利亚的项目均遭遇不同程度的挑战,有的甚至举步维艰。澳大利亚真是"一带一路"建设上的"非常之地"。

最后,要切实控防重大风险以确保"一带一路"油气合作稳步有效推进。

一是控防地缘政治风险。"一带一路"地区历史上是大国竞争的核心地带、博弈的心脏地带,美国、欧洲、俄罗斯等在此都有利益关切点,对我国与沿线国家开展能源资源合作有干扰和杂音;多国存在领土争端,导致国家间关系紧张。哈乌、哈吉、吉乌之间,亚美尼亚和阿塞拜疆,以及俄罗斯与东欧部分国家之间均存在领土争端;沿线诸多国家具跨民族特性,哈乌两国曾因此引发边界冲突;中东地区政治和安全风险较高,中亚、南亚地区有恐怖袭击风险。

二是控防国别政治与安全风险。一方面是"老人政治"引发的风险,哈萨克斯坦、乌兹别克斯坦、塔吉克斯坦三国的最高领导人已持续在位20余载,潜在的健康隐患与政权交接问题十分突出。另一方面是伊斯兰极端主义的问题,近年来,伴随全世界范围内伊斯兰复兴运动的开展,伊斯兰原教旨主义、极端主义在该地区呈蔓延之势。

三是控防东道国经济与对外合作政策风险。当前及今后一个时期，带内各主要东道国面临严峻的经济形势，油气合作宏观风险持续攀升。例如，受到卢布大幅"跳水"的直接影响，为了增强自身产品的竞争力，中亚主要东道国相继被迫宣布本币贬值，严重侵蚀了中国石油在上述地区各项目的经济效益。同时，一些重点东道国财税法律的频繁变更，增大了石油企业的风险成本；一些东道国债务违约风险高，已经给海外项目正常运营带来严重影响。

四是控防合法合规运营风险。例如，中亚俄罗斯地区及东南亚地区的油气东道国属于政府治理和公司治理相对不透明的地区，给中国石油企业在上述地区的合规合法运营带来了较大挑战。

虽然面临诸多风险和挑战，但是，"一带一路"建设的倡议无疑为中国石油走出当前低油价的"冬季"和内外部环境日趋严峻的"阴霾"，注入了一针"强心剂"。应用好用足"一带一路"倡议带来的机遇，本着效益为先、互利共赢、防控风险、绿色发展的原则，打一个漂亮的"翻身仗"，成功实现"一带一路"油气合作由1.0版本向2.0版本的华丽转变。

法则六
项目为要

"一带一路"是中国石油企业的核心油气合作区,是石油央企海外油气产量和效益的重要来源地。国际油气合作惯例一再证明,油气合作项目本身才是储量、产量和收入效益的源泉。搞好"一带一路"油气合作,实际上就是搞好项目投资与合作。油气项目才是"一带一路"建设的载体。

"一带一路"油气合作须抓住节点国家和重点项目

（2016年8月23日）

最近，国家"一带一路"建设推进再发力。8月17日，习近平主席出席推进"一带一路"建设工作座谈会并发表重要讲话，强调以钉钉子精神抓下去，一步一步把"一带一路"建设推向前进（以下简称"8·17会议"）。习近平主席讲话的核心是就推进"一带一路"建设提出了8项要求，在第二项要求——关于切实推进"一带一路"规划落实上，习近平主席要求"重点支持基础设施互联互通、能源资源开发利用、经贸产业合作区建设、产业核心技术研发支撑等战略性优先项目"。把能源合作的重要性提到了"战略性优先项目"的高度，仅次于基础设施互联互通，相当于给"一带一路"能源合作明确了定位、指明了方向。

企业是践行"一带一路"倡议的主力。众所周知，以中国石油为主的中国石油央企，以及一些石油民营企业，截至目前已经在"一带一路"上的中亚俄罗斯地区、中东（西亚）地区和亚太地区投资、开发和运营了20多年。据不完全统计,中国石油企业海外资产、油气产量、利润和贸易量中,有超过50%以上的份额来自"一带一路"地区。总的来看,"一带一路"已成为中国石油企业特别是中国石油等石油央企的核心油气合作区,已成为石油央企海外油气产量和效益的重要来源地。那么,下一步,"十三五"乃至"十四五"和今后较长一段时间,石油央企如何贯彻落实此次"8·17会议"的精神和习近平主席的要求,在能源资源开发利用上继续保持既有优势,发挥"一带一路"建设主力军和领头雁的作用?"锦囊"在于要牢牢抓住"一带一路"沿线重点油气东道国和重大、关键性油气合作项目。

综合考量"一带一路"沿线各国的油气资源禀赋、对外合作政策及财税条款优劣程度、内部投资环境稳定性程度、外部地缘政治风险大小、中方已有合作基础等因素,有10个节点国家未来在"一带一路"能源资源开发利用上将发挥更大作用,需要重点加以关注。其中,中亚俄罗斯地区,哈萨克斯坦、土库曼斯坦、乌兹别克斯坦和俄罗斯是节点国家;中东地区,伊朗、伊拉克和沙特阿拉伯是当仁不让的节点国家;亚太地区,印度尼西亚、缅甸、澳大利亚是节点国家。上述十个国家的大中型油气合作项目,特别是跨境油气通道、贸易项目是重中之重。

中亚俄罗斯地区的现有油气合作项目,建议重点抓好跨越土库曼斯坦、乌兹别克斯坦、哈萨克斯坦并抵达中国的中亚天然气管道项目,抓好已建成的管道A/B/C三线的安全稳定运营,稳妥推进D线项目,确保"贸易畅通";抓好中俄原油管道的运营和管道二线项目的建设;抓好中俄天然气东线管道的建设,按期建成投运、择机、稳妥推进中俄天然气西线项目;抓好跨境管道沿线现有各大型上游勘探开发合作项目的建设和生产,充分发挥应有的油源、气源地作用;抓好社会影响力大的炼油化工项目和工程技术服务、工程建设及装备制造项目，实现在当地的全产业链发展。当前及下一步新业务、新项目开发和油气资产收并购方面，重点关注中亚里海地区的大型油气勘探开发项目，关注俄罗斯西部和东部的油气勘探、新油田资产收购和老油田提高采收率项目；择机收购西方大石油公司在中亚地区油气田资产的部分股权，并将效益和投资回报作为新项目开发的主要判断标准。中亚俄罗斯地区与我国接壤，是"一带一路"油气合作的"优先等级区"，应朝着打造"资源、供应、效益、品牌"四位一体的"一带一路"核心合作区努力。

中东地区的现有油气合作项目，建议重点抓好中国石油、中国海油在伊拉克地区的数个大型油田项目的开发建设与运营，并做好原油的销售和油款回收；抓好中国石油、中国石化在伊朗地区大型油田项目的建设投运和投资回收；抓好中国石化在沙特阿拉伯的炼厂项目、天然气项目的建设运营。当前及下一步新业务、新项目开发和油气资产收并购方面，重点关注伊朗，说得直白一点，伊朗是"一带一路"节点国家中的重中之重，也是未来中东地区油气合作的"最佳潜力区"和"业务增长点"，数十个大型油气田项目和相应的工程建设、工程技术服务项目需要外国投资者、外国服务商参与，但伊朗的油气合作政策相对复杂和苛刻，投资效益需要得到基本保证；与沙特阿拉伯的油气合作应侧重于石油贸易和炼油化工，中国每年从沙特阿拉伯进口原油超过5000万吨，两国还合资建设了延布炼厂、福建炼厂和天津石化，中沙两国可以在能源治理、产业发展等领域开展密切合作；同时要抓住伊拉克、伊朗的工程技术、工程建设、装备制造项目的机会，实现中高端产能合作。中东地区系全球的高端油气合作市场，全球大石油公司等重量级玩家都在，要抓住石油央企与BP、埃克森美孚、壳牌、道达尔等国际同行在中东地区的合作机会，借鉴它们的运营管理经验，构建"一带一路"区域范围内"规模最大、协调最优、竞合最实"的主力合作区。另外,中东地区的安保防恐风险一直居高不下,确保安全的作业环境是中东地区油气合作开展的前提条件,中国石油企业对这一点务必要有清醒认识。

亚太地区现有油气合作项目,建议充分关注缅甸,抓好中缅原油管道的投运,与国内下游炼化市场保持协同;抓好中缅天然气管道安全运营和上游勘探开发项目,同时择机拓展有效益的炼化项目和孟加拉湾海域的勘探开发项目,寻找大型的油源、气源,以期为中缅油气管道贡献更多上游资源。充分关注澳大利亚,澳大利亚天然气及LNG一体化项目是全球的"战略高地"和必争之地,建议通过合资合作和联合作业的方式继续建设、运营好现有的天然气合作项目,并择机参股其他有潜力、有效益的项目,未来要实现全球市场、全球销售的模式。充分关注印度尼西亚,印度尼西亚是习近平主席首次提出"21世纪海上丝绸之路经济带"概念的国家,其重要性不言而喻,在印度尼西亚主要是获取新项目以弥补现有项目的产量递减,保证中国石油企业在印度尼西亚拥有相对稳定的业务规模和投资回报。通过努力,亚太地区理应成为"一带一路"上重要的天然气和LNG合作供应区。

总之,"一带一路"油气合作的关键在于具体的项目,只有形成合作项目的稳定接替和健康、可持续发展,才能把习近平主席关于能源资源开发利用相关要求落到实处,才能继续保持油气合作在"一带一路"建设上既有的先发优势。

亚马尔天然气及LNG一体化项目的战略意义

（2017年12月23日）

12月8日，中国石油参与建设的俄罗斯北极亚马尔天然气及LNG项目一期建成投产，创造了人类在北极这一极寒和环境敏感地区勘探、开发、加工、外运、销售天然气的新纪录。该项目总投资近200亿美元，设计建设年产1650万吨LNG和100万吨凝析油，在全球LNG建设项目中堪称最大。12月8日投产的一期工程（即首列LNG生产线，共三列）年生产能力550万吨LNG，预计其中400万吨（对应60亿立方米天然气）将销往中国市场。

该超大型天然气及LNG一体化项目位于俄罗斯北极亚马尔（俄语中，"亚马尔"即"天涯海角"的意思）地区，拥有天然气储量1.3万亿立方米和凝析油6000万吨。项目作业者是俄罗斯诺瓦泰克公司，拥有该项目50.1%的股份；其余两家外国合作伙伴分别是中国石油和法国道达尔集团，分别拥有该项目20%的股份，剩余9.9%的股份为中国"丝路基金"公司所有，主要是提供融资支持。该项目一期工程成功投产，是中国石油跨国经营又一里程碑。该项目建成投产至少有以下六重战略意义。

战略意义之一：该项目成为习近平主席"一带一路"倡议提出以来，在俄罗斯这一"一带一路"核心合作区首个建成的超大型单体工程，以实际行动体现了央企的责任与担当。"一带一路"倡议是新时代中国对外开放的重大举措，俄罗斯地区又是"丝绸之路经济带"的核心合作区，在后全球经济和金融危机的大时代、大格局下，中俄两国深化经贸合作、打造全天候战略伙伴关系，更是"一带一路"建设的主旋律。"一带一路"倡议提出四年来，中俄基础设施和能源合作等领域评估评价的项目不少，启动谈判的项目不少，开工建设的项目不少，但落地生根的大型项目寥寥无几，开花结果的大型项目更是凤毛麟角。而刚刚建成投产的亚马尔天然气及LNG一体化项目就是这凤毛麟角中靓丽的"明珠"。

战略意义之二：在中国"煤改气"的关键时刻，该项目使得中国进口天然气进一步多元化、低成本化，实质性增加了天然气供应，预计将显著改善"气荒"局面。2017年以来，随着中国北方京津冀"2+26"城市大气污染防治计划的实施，"煤改气"工程也实质性提速。预计2017年全年全国天然气消费量同比去年将增加200亿立方米（引自国家能源局前局长张国宝先生在北京国际能源专家俱乐部年会上的演讲数据），近期国内局部地区出现的"气荒"也是"煤改气"加速引发的意外情况。在"气荒"的不利局面下，亚马尔项目的投产无疑给"乌云压顶"的中国天然气市场注入一剂强心剂。据项目人士透露，中方与该项目2014年签订的LNG长贸合同到岸价格显著低于来自澳大利亚、卡塔尔的LNG，一定程度上摊薄了中国进口国外LNG的长协成本。

战略意义之三：该项目成为金融与能源一体化的旗舰型标杆项目，支撑了"丝路基金"，拓展了人民币国际化空间。伴随着"一带一路"倡议提出"丝路基金"应运而生,如何发现、筛选、评估和参与"一带一路"大型的、高质量的合作项目,如何使国有资本保值增值,是丝路基金的核心目标和职责。在"丝路基金"启动运作的关键时刻,有亚马尔这种超大型能源合作项目做支撑,无疑使得该基金挂靠上了一只稳定的"锚"。而且,数十亿美元的项目融资,其背后还带动了中国海洋工程装备及相关制造业领域的产能出口,实质性拓展了人民币的国际化空间。亚马尔项目堪称"一带一路"能源与金融一体化的旗舰项目。

战略意义之四:该项目实质性拓展了中国石油的生产经营地理领域,从陆地到海洋,从沙漠到高山,再到极地。一直以来,中国石油的运营管理优势领域是陆上常规油气田业务。而亚马尔项目的投产实质性拓展了中国石油的业务领域,使得中国石油成为一家主营业务遍及陆上平原(典型如大庆油田)、海上(典型如中国石油在巴西、缅甸的深水项目)、沙漠(典型如新疆塔里木油气田)、高山(典型如四川和长庆油气区)和极地的综合性跨国能源企业。极地属于超低温和超高环保要求的特殊环境,考验着中国石油的运营管理能力和技术支持能力,当然,也会实质性提升中国石油的跨国经营能力。

战略意义之五:该项目成为中国石油海外参与建设并投产运营的第一个大型天然气及LNG全产业链一体化项目。除了亚马尔项目,中国石油目前在海外参与投资建设的天然气及LNG项目有东非莫桑比克天然气及LNG项目、澳大利亚箭牌LNG项目以及加拿大四方LNG和白桦地天然气项目等。亚马尔项目在2014年1月正式签约交割,虽是最后一个启动的项目,但却"后来者居上",借着"一带一路"建设的东风,率先实现了投产运营,成为中国石油海外首个建成投产的LNG项目,也是第一个涵盖天然气及LNG全产业链的一体化项目,其示范效应巨大。

战略意义之六：亚马尔项目开启了中国到北极的新航道，大大缩短了航程（3000海里左右），预计每年大约可以节省1000亿美元的海运成本。据称，亚马尔项目销往亚洲的LNG在每年北极夏季的5个月内可通过北极东北航道穿越白令海峡，历时20天左右抵达中国和其他太平洋西海岸地区。这条"北极航道"无疑开辟了中国与欧洲的新航线，大大缩短了运输距离和海运天数（通常，欧洲至中国的海运时间在30天以上），也显著降低了中国和欧洲之间的物流成本。据测算，"北极航道"成熟后，每年来往的船只预计可以节约物流成本合计1000亿美元左右。

如果说该超大型天然气及LNG一体化项目对中方而言有什么美中不足的话，那就是，中国石油只是项目的参与者、小股东而不是项目建设运营的主要管理者和作业者。也就是说，该项目尚未实质性检验中国石油在海外运营管理大型天然气及LNG项目的能力。而且，一直以来，俄罗斯政府和俄罗斯能源企业在对待外国投资者上太过强势，俄罗斯企业必须谋求主导作业。这个意义上讲，中国企业在俄罗斯境内从事能源与资源开发，中俄双方做大"一带一路"能源合作蛋糕，依然任重道远。

三箭齐发，中国企业"一带一路"油气合作再出手

（2017年2月27日）

自2014年下半年国际油价"断崖式"下跌后，全球油气市场进入新的周期，原本在市场上持续活跃的中国石油企业陷入"沉寂期"，一直没有新的动作。进入2017年，围绕"一带一路"范围内重点油气东道国，中国企业开始"再出手"。

先是中国石油于2月20日以18亿美元收购阿联酋阿布扎比国家石油公司（ADNOC）陆上最大的ADCO油田8%的股份，再是中国华信能源2月21日以8.88亿美元收购上述同一油田4%的股份。中国最大石油央企和最大石油民企分别出手收购同一油田资产的股份，实属罕见。要知道，ADCO油田当前的日产水平是160万桶（相当于年产8000万吨），这将给中国石油和华信每年分别带来640万吨和320万吨的权益产量和相应分红。如果该油田进一步上产的话，权益产量还会相应增加。

好戏连续上演。中国石油界又一匹黑马——振华石油公司2月23日成功与美

国雪佛龙石油公司签约,将收购雪佛龙公司在孟加拉国价值20亿美元的天然气田(收购的权益比例,以及振华石油是否当作业者,目前尚不得而知)。据外电报道,2015年,雪佛龙公司作为该气田的作业者,日产规模(净产量口径)为7.2亿立方英尺,外加每天3000桶的凝析油,合计年产量差不多610万吨,基本印证了微信圈传出的1600万吨总产量规模,的确是个大气田。了解此桩交易的朋友告知,振华公司以第三标的中标(潜在的竞标者可能还有洲际油气),矫正了中国油企在以前海外并购中所形成的"土豪收购、出价最高者购得"的偏见。

要知道,阿联酋是中东地区油气大国,也是"丝绸之路经济带"上的重点油气东道国;孟加拉国地处孟加拉湾这一亚太地区油气富集且潜力巨大的盆地,也是"21世纪海上丝绸之路"的节点国家。最近几天,中国大型石油央企、大型石油民企、中型石油国企围绕"一带一路"油气合作重点地区和国家,接二连三再出手,标志着中国企业在"一带一路"油气合作方面迈上了新的台阶,也意味着中国石油企业在"蛰伏"将近三年后,开始"重出江湖"!

既然是"再出手",说明以前曾经出手过。那么中国能源企业在中亚与俄罗斯地区、中东地区、亚太地区等目前"一带一路"所圈定区域的"出手"情况如何?是不是"行家一出手、就知有没有"?实际上,中国公司在"一带一路"的油气合作已有20年的历史。

第一次出手:1997年,中国石油成功收购哈萨克斯坦阿克纠宾油气股份公司,并主导作业。目前,阿克纠宾油气项目已发展成为一个千万吨级的油气区,阿克纠宾油气股份公司成为哈萨克斯坦第四大石油公司,并为中哈原油管道这一跨境油气动脉提供稳定的油源,多元化了中国原油进口渠道。作为外国投资者,中国石油从该项目获得了稳健的投资回报。同年,中国石油与伊拉克石油部（萨达姆当政时期）签订中国公司在中东地区的第一个石油合同——伊拉克艾哈代布油田合作项目。

第二次出手：2002年前后。中国海油成功收购印度尼西亚及澳大利亚某大型海域油气田的部分权益；中国石油成功收购印度尼西亚某陆上500万吨级油气田；中国石化成功进入哈萨克斯坦，获得FIOC油田部分权益；中国石油2004年以41.8亿美元成功收购哈萨克斯坦某大型石油公司，创造了当年全球油气市场第二大收并购交易；中哈原油管道开始建设并投产运营；中国三桶油竞相研究俄罗斯油气市场，摩拳擦掌准备进入。

第三次出手：2009年前后。全球金融危机下的油气市场哀鸿遍野，油气资产大幅缩水；再加上伊拉克石油市场自2003年第二次战争后开始对外开放，谋求外国投资，掀起了中国公司在"一带一路"地区油气合作"高歌猛进"的时代。先是俄罗斯在危机下撑不住了，通过"贷款换资源"的方式，与中国石油合作，签订中俄原油管道建设协议和原油购销协议。谈了近15年的中俄原油管道项目在俄罗斯遭遇低油价危机的"认怂"时间窗口终于达成协议。再是2009年中国石油"抄底"收购哈萨克斯坦某600万吨级优质油田项目的50%权益。同时，中国石油、中国海油与国际石油巨头一道，抓住伊拉克战后重新开放的千载难逢时机，全面进军伊拉克市场，并连续斩获数个大型、特大型油田开发项目。这些项目大多以中国公司与欧美石油同行成立联合作业体的方式运作。另外，三桶油（中国石油、中国石化、中国海油）同时看中伊朗这一巨大的上游勘探开发和工程服务市场，几乎是同一时期，分别获得伊朗雅得瓦兰、北阿扎德甘、北帕斯油气田开发项目。还有，对中国油气进口多元化格局形成重大影响的中国—中亚天然气管道、中国—缅甸油气管道也是这一时期构筑的，成为现在"一带一路"建设互联互通（设施联通）的标志性工程。在我看来，2009年前后是中国企业实施国际油气项目合作的"黄金时代"。

第四次出手：2012年前后，在油价持续高企驱动下，全球各大油企对非常规及深海油气十分热衷，不惜重金收并购。中国的石油企业也不例外，澳大利亚天然气及LNG一体化项目、煤层气项目，东非莫桑比克天然气项目、缅甸深水勘探，三桶油纷纷涉足。而且，这一时期，中国石化2013年斥资31亿美元收购阿帕奇（Apache）公司在埃及的油气资产。这一时期，不仅中国公司，全球有实力的油企似乎都失去了理性，不惜代价在页岩油气、油砂、超重油、深水、天然气及LNG一体化项目上砸入重金，从而导致低油价寒冬来临时，这些项目大多成了"烫手山芋"。

第五次出手：2017年年初的一系列收并购交易。纵观此次系列收并购，其动因不外乎以下几方面。

一是"一带一路"区域内的重点东道国，特别是中东地区产油大国，向中国石油公司抛出了橄榄枝。这是由全球能源地缘政治格局所决定的。众所周知，随着美国页岩革命的持续成功，美国能源自给自足的独立性越来越强。美国从全球头号油气进口大国，转变为天然气出口国，且石油进口量持续大幅下降，这一变化对全球政治经济格局均产生了深刻影响。作为主要卖家的中东油气出口大国，如沙特阿拉伯、阿联酋、卡塔尔和科威特等，不得不调整政策，瞄准新的买家。而作为全球第二大经济体的中国，当然是它们认为能够接替美国买家的当仁不让选择，它们开始纷纷"向东看"。ADNOC将其陆上最大油田12%的权益授予两家中国公司，也就毫不奇怪了。

二是"一带一路"建设是中国强力推动的倡议，在"一带一路"范围内的油气投资至少可以确保"政治上正确"。中国石油企业，特别是石油央企的海外油气合作与收并购行为长期遭受好事者和"朝阳群众"的质疑,"亏损说""腐败说"不绝于耳。近年来,随着国家大力推进"一带一路"建设,带内的油气高端合作市场(资源丰富+政策透明+风险可控+安全保障)受到青睐,阿联酋等国就是典型的高端市场。因此,中国石油企业们纷纷把目光瞄准这里,这次是中国石油和华信打了头阵。

三是中国石油企业在"一带一路"区域内的投资已有20年的历史,对这一地区的油气投资环境、合作模式、运营管理均了然于心,项目开发和后续运作的成功概率较大。油气投资尤其是上游勘探开发的门槛高、周期长、投资大、风险高,需要投资者长时间的储备和积累。此次中国石油企业在中东和亚太地区"再出手",是蛰伏较长时间后"重出江湖"之举,更是在前期拥有深厚合作的基础上,把握新形势再接再厉、再下一城的自然而然、水到渠成之举。以中国石油为例,"一带一路"倡议提出后,中国石油的目标是打造"一带一路"油气合作的"升级版",而不仅仅是开疆拓土了。

四是随着国际油价缓慢回升,经过近三年的蛰伏期后,中国石油企业承受低油价的能力变强,对未来的悲观情绪逐步消散,开始卸下包袱,昂首阔步前行。进入低油价周期以来,绝大多数油企苦练内功,通过强身健体、降本增效应对"寒冬",目前这一做法明显见效,企业的管理能力、风控能力得到有效提升,对外合作和扩张的欲望变强。2016年底以来,国际油价企稳回升,加上特朗普当政后,传统油气工业在美国重新得到重视,再配以OPEC和俄罗斯等产油大国连续达成限产协议,回升迹象愈加明显。2017年前两个月,国际油价与去年平均水平相比,上涨了24%,这大大增强了油气投资者的信心,也相应增强了国际油气合作市场的"活力度"。

可能唯一的区别是,前四次"出手",基本是石油央企唱主角,而第五次却不一样了,大型石油央企、中型石油国企、大型石油民企均站到了舞台的中央,三箭齐发、同台竞技、相得益彰,这是件好事,是中国石油界的盛事,也为国家推动"一带一路"建设增添了一缕亮色。

法则七

合作为根

在"一带一路"乃至全球其他地区投资开发油气项目,不要唱"独角戏",不要把项目搞成中方独资的,那样的话,所有的压力和风险都得由中方一家承担。"一带一路"项目,多搞中方、西方和本地企业联合参与的合资合作,少搞独资项目。一定要把多方合作进行到底,讲究五湖四海合作多赢、合作为根。

美国南亚及阿富汗新战略对中国"一带一路"倡议在该地区推进影响几何

(2017年9月6日)

华盛顿时间8月21日,美国总统特朗普就美国在南亚及阿富汗地区的战略发表了演讲,引起全球关注。概括起来讲,主要有三层意思:一是美国将继续在阿富汗保持军事存在,要汲取2011年过早抽身伊拉克而导致伊拉克成为全球恐怖分子大本营(ISIS,伊斯兰国)这一结果的教训,计划在阿富汗长期驻扎,不设撤离时间表,保持对该地区恐怖主义势力的威慑。二是对巴基斯坦将采取"拉拢+打压"的"胡萝卜+大棒"的双重政策,一方面,对巴基斯坦协助美国打击恐怖主义给予肯定,并承诺继续向巴方给予支持和援助;另一方面,严厉批评巴方打击恐怖主义不力,有时甚至为恐怖分子提供庇护场所。三是将进一步加强与印度的联盟,重申与印度的战略伙伴关系,称"印度是世界上最大的民主国家、美国重要的安全和经济伙伴"。

可以看出,与奥巴马政府相比,美国今后一个时期在南亚及阿富汗地区的战略将(已经)发生两个重大转变:一是由原来的设定"撤军时间表"转为现在及未来数年的"边走边看",正如特朗普在演讲中宣传的"我们新战略的核心支柱是从时间表的方法转为视情况而定。"二是由奥巴马时代在南亚、阿富汗以及中东等其他地区的基于民主价值观认同的"理想主义"外交政策,向未来一个时期的"现实主义"转变,特朗普在演讲中用整整一段话表达这一转变:"我们将不再以美国的军事力量在遥远的土地建立民主国家,或者试图按照我们的形象重建其他国家。这样的日子结束了。相反,我们将与盟国和合作伙伴一道,保护我们的共同利益。我们不要求别人改变自己的生活方式,而是要实现共同目标,使我们的孩子过上更美好、更安全的生活。这一有原则的现实主义(principled realism)将指导我们未来的决定。"

特朗普对南亚及阿富汗战略的重大调整将会波及中东、中亚、中南半岛等周边地区。而这些地区是中国"一带一路"倡议推进实施的重点地区。特朗普在上述地区战略和策略的调整对"一带一路"的推进是"利多"还是"利空"?应该是"利多"成分大一些。也就是说,今后一个时期,中美两国在上述地区的战略协同会多一些,当然,印度除外。

我们知道,"一带一路"倡议实际上是一项全方位的"经济对外合作"或"经济外交"政策,务实合作是重中之重,政治和文化的成分要少一些。说到底,"一带一路"倡议也是一项基于"现实主义"的对外政策。既然中美双方在南亚、阿富汗及其他相关地区均采取更加务实的战略定位,那么,"求实举、谋实效"应该是这两个全球大国的共同诉求。自然而言,双方的交集和共识就会多一些,因价值观和意识形态导致的摩擦、纷争和对立就会少一些。

就中美双方未来一个时期在上述地区企业间(经济合作)协同性的进一步发挥,笔者有几点认识:

一是双方企业可以携起手来、抱团取暖,共同推进大型合作项目的建设和运营。南亚、阿富汗及周边地区有一个共同点,就是这一地区的国家不完全依赖于某一个大国,基本上是在走"平衡"的国际合作路线。当前,这些国家在经济合作和获得外来投资上更多依赖中国,在政治或者军事方面,则更多依赖美国、俄罗斯等国。这造就了中美两国的企业在上述地区有一定的互补性,更容易形成"强强联合"之势,以联合体或者合资公司的方式在当地开展投资和运营。最为典型的案例是在伊拉克,美国最大的石油企业——埃克森美孚公司和中国最大的油气生产供应商——中国石油,在伊拉克南部西古尔奈油田开发上成功进行了合作,合作双方发挥各自优势,油田开发建设顺利推进,目前该油田的年产已达2000万吨。中美两国企业共同开发伊拉克市场的例子完全可以在其他国家复制。

二是加大社会安全、风险防控、应对恐怖活动等方面的信息情报共享和合作力度,共同应对上述地区层出不穷的风险。众所周知,南亚、阿富汗以及中东等周边国家社会安全风险高企,是全球最不安全的地区之一最大的祸害应该是恐怖活动;当地政府治理能力有限,基础设施不发达,社会依托有限,政府不稳定、政权更迭等给企业在当地经营带来巨大的法律风险;该地区文化和宗教错综复杂,部落力量强大,企业在处理公共关系事务等方面非常吃力。解决以上风险和挑战,仅靠一家企业单打独斗肯定是不行的,即便埃克森美孚或中国石油这样的构建了相对成熟的全球安防体系的企业也不行。切实可行和事半功倍的方法就是,中美两国的企业在有关社会安全、风险防控、应对恐怖活动、应急演练等方面信息情报共享和加大交流合作力度、互通有无,共同提升防控风险的能力。

三是联合做好跨文化管理交流和企业社会责任的履行,实现在本地区多方共赢和谐发展。作为外来投资者,如何与项目当地政府和民众搞好关系,如何在项目公司这一多方联合体层面进行跨文化管理，如何有效与媒体、NGO组织打交道，如何有效履行企业社会责任，这些方面，美国企业比中国企业有经验，但中国企业比美国企业更具亲和力、更接地气。因此，中美企业双方要联合本地同行，共同做好此地区的可持续发展工作。

当然，中美企业双方在其他方面也可以进行合作，例如，本地区重点行业、重点领域的技术创新，可以采取联合研发的方式进行；一些超大型投资项目，双方的金融机构也可以开展深度合作，共同做好项目投融资的支持保障工作。

总之，特朗普时代的中美两国在南亚、阿富汗以及中东等周边地区有理由更加广泛、更为深入的合作，而企业界的合作应该是主体，也是能够取得最大合作效果的。

中印洞朗之争：两国之间难道除了竞争还是竞争？

（2017年9月10日）

中印在洞朗地区的对峙引起了全球关注。好在双方均保持理智和克制，在对峙两个多月后，终于在9月初厦门金砖五国峰会召开前夕达成和解，印度边防人员撤出该地区，印度总理莫迪也在9月3日晚峰会开幕前"最后一刻"抵达厦门，迎接他的是厦门的大雨。

可以肯定地说，中印对峙、中印长期互为竞争对手或者互为敌手，于这两个国家并非好事。当然，中国人绝不怕打仗，中国的综合实力和硬水平早已甩印度几条街。在印度面前，中国还是拥有明显的战略和心理优势的。但是，作为同期崛起的两个最大的发展中国家，难道中印之间非得互为对手、非得竞争到底吗？中国有必要将巨大的战略资源消耗在印度身上吗？未见得。

今天，以中印两国的国家石油公司在跨国经营过程中的合作为例，谈谈中印之间，特别是中印企业之间，除了竞争，实际上在较大领域和空间范围内，还是有合作可能性的。长期而言，中印之间应该是一种"竞合关系"。

"一带一路"
Belt and Road Initiative 中国油气与世界

今天讲的这两家企业很具代表性,一个是中国最大石油生产商也是中国最大企业之一的中国石油天然气集团公司(中国石油),另一个是印度最大的国家公司——印度石油天然气公司(ONGC)。这两家公司在国际市场上的竞争与合作,某种程度上代表了中印这两个正在快速发展和崛起的国家在全球舞台上的所作所为。

先说说这两家公司在国际市场上的竞争。竞争激烈到什么程度呢?几乎到了"凡是有中国石油人的地方,就有印度人的身影"。

早在20世纪90年代初中国石油便"走出去"实施国际化经营,目前已在全球35个国家运作管理90多个油气投资项目。中国石油是海外业务规模、全球布局、投资回报等方面均处于领先地位的石油央企。相比之下,印度的ONGC"走出去"战略实施较迟,比中国同行大约晚十年,但其近乎"疯狂"的寻油势头丝毫不比中国石油公司差。目前,ONGC在非洲、中东、中亚、俄罗斯、拉美和北美等国家和地区共获得数十个油气合作项目。由此造成了双方在国际油气市场上"兵戎相见"。

在南美,ONGC与中国石油就厄瓜多尔某一油气区块的勘探权争得不可开交;在亚太,两家石油公司竞购印度尼西亚某油气生产商的部分股权,结果均被第三家公司击败;在中亚,ONGC与中国石油先后出巨资收购哈萨克斯坦石油公司(PK),结果中国石油胜出;在俄罗斯,2014年左右,中国石油已经与俄方几乎达成所有的协议、就等最后正式签约了,ONGC横插一杠,以明显高出一筹的出价从中国石油手里"虎口夺食",让俄罗斯卖家"偷着乐"。

中国石油和ONGC在国际市场上竞争的激烈程度可见一斑。给人的感觉是,随便挑出世界上一个不稳定但油气丰富的区域,双方都正在激烈争夺那里的油气资源。实际上,全球优质油气资源大部分均被西方跨国石油巨头掌控和瓜分，中印两国的石油公司只能在有限的市场空间里寻找油气资源，不可避免地造成它们在狭小的空间里激烈争夺。当然，双方的企业都有共同的使命——为各自国家的经济发展提供充足的能源资源。加上两国油企相互瞧不起，均不把对方放在眼里，对立和博弈的心态油然而生。

这是不是就意味着双方会一直"互怼"和"战斗"下去？事实不是这样。尽管互为对手，但中印之间的石油合作早在2002年就已经开始了。中国石油与ONGC在苏丹合作开发石油堪称合作的典范。中国石油于1997年进入苏丹开采石油，并与其他三方组建"大尼罗石油作业公司（GNPOC）"。2002年，随着其中一家公司的退出，ONGC接替该公司顺利进入GNPOC，成为仅次于中国石油的第二大伙伴公司。此后，双方在GNPOC进行了卓有成效的合作，共同确保油气作业顺利进行。另外，2005年底，中国石油和ONGC再次联袂投标，成功获得叙利亚一处价值5.73亿美元的石油资产。

有人会说，中印油企的合作纯属偶然。那么，从理性的角度看，中印双方是否存在合作的协同性和互补性？双方有哪些地方值得对方借鉴和学习？没有调查就没有发言权。几年前我曾就中印双方油企合作的可行性问题，在GNPOC（苏丹大尼罗石油作业公司）的中方和印方中高级员工中做了一次匿名的问卷调查。让我们一起看看详细的调查结果：

（1）在"您对中印双方员工在GNOPC合作现状的总体评价"问题上，中方员工回答"非常愉快"或"比较愉快，但有时也有矛盾"的比例为85%，印方员工的比例为80%。

（2）在"双方在合作中发生不愉快事情的原因"问题上，中方员工认为排在前两位的原因是缺乏必要沟通（占33%）和缺乏信任感（占22%），印方员工认为排在前两位的原因是缺乏必要沟通（占40%）和理念差异（占33%）。

（3）对于"相对中方员工，您认为印方员工的优势是什么，劣势是什么"的问题，超过80%的中方员工认为印方员工第一优势是语言（英文水平高），其次是"具有强烈的服从意识"，再次是"熟悉商务和法律"。大约50%的中方员工认为"主动性不强、怕担责任"是印方员工的首要缺点。

（4）对于"相对印方员工，您认为中方员工的优势是什么，劣势是什么"的问题，超过65%的印方员工认为中方员工的第一优势是"专业技术水平扎实"，其次是"勤劳、善于钻研"，再次是"表达能力强，做presentation的技巧高"。另外，超过40%的印方员工认为"比较保守、不愿意主动与别人沟通"是中方员工的首要缺点。

（5）对于"中国石油有哪些地方值得ONGC学习"的问题，超过60%的中印双方员工都将"技术优势（石油勘探开发技术）"放在第一位，其次是"员工素质优势"和"对外合作经验"。对于"ONGC有哪些地方值得中国石油学习"的问题，超过40%的中印双方员工均将"管理优势（管理体系比较健全）"放在第一位，其次是"员工素质优势（语言）"。

（6）在"您如何看待中印石油合作的前景"问题上，超过60%的中方员工持"竞争多于合作"的悲观态度，其理由主要是"中印两国国情相似，人口众多，石油资源短缺，而世界石油资源有限，竞争是必然"。然而，超过60%的印方员工持"合作多于竞争"的乐观态度，其理由主要是"合作可以大大提高双方的实力和在国际石油市场上的影响力，从而获得更大的利益"。

根据上面的调查结果，我们不难得出以下结论：

一是中印石油公司具有很强的互补性，双方都有自己的特色和优势，都有值得对方认真学习的地方。中国石油公司的优势在于专业技术、人员素质（侧重于技术）和丰富的国际合作经验，印度石油公司的优势在于管理和人员素质

（侧重于语言）。双方公司若致力于合作，展现在国际石油市场上的将是一个精通技术和管理并拥有高素质员工的跨国联合石油公司的形象。

二是如果双方石油公司合作，在合作进程中预计不会出现大的问题和矛盾。加强交流和沟通、建立信任感是解决双方分歧的有效途径。

三是未来中印油企的跨国经营，合作与竞争将并存，只要双方有意合作，成果将会显著。双方企业可以本着求同存异的原则，在开拓国际市场的过程中，相互抱团取暖，在分担风险的同时分享收益，达到"互利共赢"的效果。

可以说，中印在石油合作方面可以相互借鉴和学习的东西很多，双方合作的前景是光明的。但合作与竞争总是并存的，既没有绝对的合作，也没有绝对的竞争。竞争是为了生存和发展，合作则是为了更好的、更大范围（全球化）的竞争。正所谓"为生存而竞争，为竞争而合作"。

中印之间的合作空间是有的，是真实存在的。中印在海外能源领域的合作完全可以拓展至其他业务，比如医药、信息产业、人力资源等。如果政治互信难以建立的话，就从容易打开局面的经济领域开始。

有专家说，中美之间要加强合作，避免修昔底德陷阱。现在我要说，中印之间也要搁置争议加强合作，避免掉入持续恶交和冲突的陷阱。一旦中印关系处理不好，双方就会由"同步崛起"向"相互消耗"转变，这对中印两国而言是灾难性的，而受益的却是美、俄、日这样的"守成型"国家。

中国石油2017年的"一带一路"足迹

（2017年12月22日）

2017年，从哈萨克斯坦阿斯塔纳世博会现场的石油科技创新展示到俄罗斯北极亚马尔天然气及LNG一体化项目投产，从中哈油气合作20周年庆典现场到新加坡亚太油气运营中心的繁忙物流，从中东阿联酋ADCO特大型油田项目签字现场到巴西海上盐下油田全球瞩目的两轮招标，这一切，都是中国石油——这家位居中国企业"走出去"榜首、中国跨国公司"100大"榜首的石油央企——在"一带一路"上留下的新的"足迹"。

这一年，中国石油围绕贯彻落实推进"一带一路"建设工作座谈会精神，按照"一带一路"建设"三共五通"（三共：共商、共建、共享；五通：政策沟通、设施联通、贸易畅通、资金融通、民心相通）的工作要求，在"一带一路"油气合作方面造就了新亮点、取得了新突破、迈上了新台阶。

这一年，一批重大油气合作项目投产运营成为"一带一路"建设的新亮点。中国石油借力国家政治外交优势和"一带一路"国际合作高峰论坛契机，积极推动重大合作项目取得实质性进展。俄罗斯中亚地区油气合作成果丰硕，中俄原油管道二线工程全线贯通、亚马尔LNG项目首条年产550万吨LNG生产线建成投产、中俄东线天然气管道项目稳步推进、哈萨克斯坦大口径焊接钢管厂项目启动建设、哈萨克斯坦南线天然气管道已接入中亚天然气管道C线向中国供气、哈萨克斯坦奇姆肯特炼厂现代化改造一期工程投产。中东油气高端市场开拓取得重大突破，签署阿布扎比陆上油田（ADCO）开发项目购股协议并获得项目8%权益，实现中阿战略合作新突破；联合道达尔签署合作开发伊朗南Pars气田11区块框架协议并持股30%，南Pars气田项目是西方对伊朗解除制裁以来签署的首个重大能源投资项目。亚太地区能源通道建成投运，中缅原油管道顺利投油启输，标志着我国西南方向能源通道全面建成启用。

这一年，油气设施联通实现"一带一路"建设新突破。西北方向的中亚-中国天然气管道A/B/C线和中哈原油管道安全稳定运营，中亚天然气管道向中国供气累计已突破2000亿立方米，以实际行动为"美丽中国"提供清洁能源；中亚天然气管道D线塔吉克斯坦段2017年9月开工，预计2022底建成，将新增输气能力300亿立方米/年。东北方向的中俄原油管道向中国供油累计已突破1亿吨，中俄原油管道二线工程2017年11月全线贯通，预计2018年投油，新增输油能力1500万吨/年；中俄东线天然气管道顺利推进，预计2019年底建成通气，新增输气能力380亿立方米/年。西南方向的中缅油气管道一期全面投用，成为中国与东盟国家开展互联互通基础设施建设的重要标志性工程，为我国油气进口多元化提供保障。东部海上的LNG接收能力已达1300万吨/年，全年通过海上通道进口原油超过5000万吨。

这一年，贸易畅通继续走在"一带一路"地区大型油气贸易公司前列，亚洲油气运营中心和中亚俄罗斯油气贸易已呈现体系化、网络化。"一带一路"地区全年油气贸易量已达2.3亿吨油当量。

"一带一路"
Belt and Road Initiative 中国油气与世界

这一年，油气政策沟通、资金融通与民心相通迈上"一带一路"建设新台阶。政策沟通上，中国石油以油气合作项目为载体，加强与东道国政府、合作伙伴等利益相关者的密切沟通与高层互访，中国石油先后与多家东道国政府和国际（家）石油公司签署战略合作协议。与肯尼亚能矿部、中非产能合作基金共同签署的《肯尼亚地热开发一体化项目框架协议》，被列为国家"一带一路"国际合作高峰论坛成果和肯尼亚总统访华重要成果。

资金融通上，中国石油推动与亚投行、丝路基金以及多家国内外银行等金融平台建立合作关系，先后完成伊拉克西古尔纳项目贷款、亚马尔LNG项目融资、PK项目贷款置换等多个大型融资项目，加快推进能源与金融一体化。值得一提的是亚马尔LNG项目融资，在欧美对俄制裁大背景下，在中国政府大力推动和有关部委的统筹协调下增加人民币贷款，帮助项目及时获得190亿美元的国际融资（其中中方融资120亿美元），确保了融资成本合理和资金如期到位。

民心相通上，中国石油通过海外油气合作促进当地经济、社会和民生发展，认真履行社会责任，注重当地人才培养，提升员工本地化比例，实现与东道国、合作伙伴、社区等利益相关者的互利共赢。目前已在"一带一路"沿线重点东道国设立多个专业技术培训中心，累计培训当地员工超过1万人次，累计带动"一带一路"当地就业超过8万人，惠及当地人口超过200万人，项目员工当地化比例已超过90%。

这一年，中国石油主办首届"一带一路"油气合作圆桌会议，巩固"一带一路"合作成果、持续提升国际影响力。5月，国家"一带一路"国际合作高峰论坛召开之际，中国石油积极筹划、有力推动，累计签署10余项重大油气合作协议。与此同时，5月16日，中国石油成功举办首届"一带一路"油气合作圆桌会议，邀请国际能源组织、东道国国家石油公司、国内知名油气企业及金融机构的负责人和高管参会，围绕"下一个十年，构建'一带一路'油气合作新模式、新机制"主题，分享深化"一带一路"油气合作的设想，得到与会代表高度评价，彰显了中国石油过去20年在"一带一路"沿线国家开展油气合作的规模实力和影响力。

回望2017年和过去20年中国石油在中亚俄罗斯、中东、亚太及非洲、美洲的油气合作足迹，可以毫不夸张地说，中国石油的"一带一路"建设已拥有明显的先发优势。"一带一路"已成为中国石油海外核心油气合作区、海外油气产量和经济效益的主要来源地，也是跨国油气战略通道的资源保障区和优势产能合作的主要市场。无论是合作基础、业务规模，还是共建共享等方面，中国石油已经成为"一带一路"建设的重要市场主体、积极参与者和推动者。

2018年，中国将迎来"一带一路"倡议提出五周年。走过了20个春秋，中国石油"一带一路"油气合作"1.0版本"已成，正再接再厉，朝着打造油气合作"2.0版本"迈进。

成绩属于过去。随着"一带一路"沿线重点东道国投资环境风险和不确定性持续攀升，随着中东、俄罗斯、中亚、南海、印度洋等地区的地缘政治博弈加剧，未来一个时期"一带一路"油气合作依然任重道远，需要大处着眼、更需要小处入手，需要积极进取、更需要底线思维。特别是"一带一路"油气合作上面临的重大风险，需要我们树立忧患意识，未雨绸缪采取有效措施加以防范。

第一苦练内功，加强经济与技术评估与评价，把经济风险、投资风险控制在源头。在"一带一路"进行大规模的经营行为，无论是投资项目还是工程服务项目，都应开展技术评估与评价。当然，高风险意味着高回报，高风险国家的投资回报率必须高于本企业的平均投资回报标准。第二建立健全境外安保防恐的管理体系。定期不定期研判各种风险以及变化的特点和趋势，特别是建立应急预案，且不断演练。第三本地化运营并与利益相关者搭建畅通的联系渠道。中国石油在一些海外项目已经建立"三联机制"，即"联谊会、联席会、联管会"。联管会是合作伙伴之间的，它决定年度的投资计划和重大投资安排。联席会一般是项目公司跟当地中央政府、地方政府的联席会议，定期不定期召开。联谊会主要是与社会组织建立联系，比如媒体代表、NGO代表，油气项目所在社区的代表、项目所在部落的代表，定期不定期与他们交流沟通。第四建立专业化的风控队伍。中国石油已初步建立起一支专业化、国际化的安全风险管控队伍。风控队伍的一个重要职责是做好"情景规划"，分析不同情景下，企业的应对之策，并适时向决策者汇报，做到心中有数。

"一带一路"是"路"亦是"道"，"大道之行也，天下为公"，中国石油将不忘初心，继续以实际行动践行"一带一路"的"大道"，牢记责任、使命和担当，为保障国家清洁能源供给、为建设美丽中国、为打造世界一流综合性国际能源公司而砥砺奋进。

法则 八

共赢为魂

　　互利共赢、合作发展可以说是每个从事国际化经营的企业都应该遵从的理念和原则，中国企业在"一带一路"地区从事投资与合作更要坚持该原则。因为"一带一路"倡议根本目的是打造"人类命运共同体"。没有共赢，何来共同体？共赢是"一带一路"倡议推动实施的"灵魂"所在。而油气作为敏感度高的能源资源开发产业，时常受到外界的质疑，时常与国家主权和地缘政治挂钩，在合作的过程中更要强调"共赢"。

中哈油气合作20年：
"一带一路"建设的先行者

（2017年6月8日）

6月4日是中哈油气合作20周年纪念日。1997年6月4日，中国石油以3.2亿美元中标获得哈萨克斯坦阿克纠宾公司60.34%的股份，成为该公司最大的股东和油田作业者，开启了中国与哈萨克斯坦油气合作的旅程。此后，中国石油分别于2004年和2009年成功收购哈萨克斯坦PK公司（含齐姆肯特炼厂）和MMG公司两个大型油气项目，奠定了中哈油气合作的基本格局。中哈原油管道这条我国陆上首个跨境原油运输通道、过境哈萨克斯坦的中亚天然气管道分别于2004年和2009年建成投运，2013年中国石油成功入股哈萨克斯坦最大、世界第九的卡沙甘超大型油气田项目。悄然间，哈萨克斯坦已经成为中国石油海外投资最集中的重点东道国，也当仁不让成为中国石油重要的油气生产中心和利润中心。毫不夸张地说，历经20年的发展，以中国石油为主导的中哈油气合作已成为中哈两国经贸合作的主力军和"压舱石"，更是自2013年9月习近平主席在哈萨克斯坦提出共建"丝绸之路经济带"倡议以来，我国"一带一路"建设的先行者。

中哈油气合作20年无疑是成功和"硬气"的：截至2016年底，中国石油在哈萨克斯坦已形成集油气勘探开发、管道建设与运营、工程技术服务、炼油和销售于一体的上中下游业务链，油气年生产和供应能力基本稳定在3000万吨，有效保障了哈萨克斯坦当地和我国的能源供给。特别是"两个1亿吨"在今年5月"一带一路"国际合作高峰论坛期间引起强烈反响，成为"一带一路"建设的两道靓丽风景线：一是自中方主导阿克纠宾项目开发建设与运营管理以来，已累计生产油气当量超过1亿吨；二是中哈原油管道自投运以来，已累计向中国国内输送原油超过1亿吨。

软实力方面，中哈油气合作20年，构建了一套符合当地法律法规和国际惯例的公司制法人治理结构及管控体系，奠定了可持续发展的管理能力；树立了中国石油良好的国际形象，中国石油在哈萨克斯坦累计社会公益投入超过3.5亿美元，累计上缴税费超过400亿美元，为当地提供的就业机会超过3万个。

纳扎尔巴耶夫总统称阿克纠宾、PK等项目是"中哈合作的典范"，还有多个项目获得"最佳社会贡献总统奖"。可以说，过去20年中哈油气合作充分体现了"一带一路"建设的"共商、共建、共享"原则，也在一定程度上实现了"政策沟通、设施联通、贸易畅通、资金融通和民心相通"的"一带一路"核心要义和实质内涵。

中哈油气合作20年之所以成功，主要有以下几方面的原因：一是很好地把握了全球政治经济发展新动向和能源地缘政治格局变化带来的历史性机遇。20世纪90年代初正是苏联解体、中亚地区各国独立后的"发展开放期"，也是我国经济发展进入快车道、急需稳定能源资源供给的时期。中国石油抓住了这一稍纵即逝的机会，低成本进入哈萨克斯坦等国的油气田项目，逐步建设和形成了海外当前最重要的中亚油气合作区。

二是得益于党和国家领导人的高度重视和能源外交的大力推动。历届国家主要领导人对中哈能源合作均给予了足够关心和重视，亲自推动一些重大的合作项目，并见证合同协议的签署；一些重大油气项目建成投产之时，我国领导人和东道国政府高层也到场见证历史性时刻。最为典型的莫过于2009年12月中亚天然气管道项目建成投产时，中国、土库曼斯坦、哈萨克斯坦、乌兹别克斯坦四国元首共同参加投产庆典。特别值得一提的是，仅在过去的四年，习近平主席就三次出访哈萨克斯坦，无疑对包括能源合作项目在内的两国经贸合作起到了实质性推动作用。能源合作从来就不是单纯的经济合作和市场行为，合作方所在政府和高层的支持是重大油气项目取得进展和成功的最重要外部条件和最有力保障。

三是得益于历届中国石油管理层的统筹把控和正确决策，得益于海外专业分公司、海外地区公司和项目公司对项目机会的精准把控和国际化、专业化的管理运营。

四是得益于中国石油甲乙方单位的相互配合和一体化发展。当然，也与全体中哈双方员工和国际雇员的集体智慧和拼搏奉献分不开。

如果说"一带一路"是"道"，那么中哈油气合作过去20年一直在践行着"道"，这是一条互利共赢、共同发展之道。

成功属于过去。新的历史起点上，中哈油气合作的大环境总体没有变，但一些新动向乃至新挑战需要给予足够重视，一是低油价和低景气周期下，如何加强与合作伙伴和东道国的互通交流，在降本增效、提升发展能力与企业社会责任履行方面形成共识；二是面对愈加不确定的安全环境，就如何防范暴恐袭击，利益相关方应建立切实的信息共享机制，未雨绸缪做好防范和预警；三是在20世纪90年代签订的一批油气项目合同即将到期的关键时刻，如何加强与哈萨克斯坦政府和同行的政策沟通，使得项目合同顺利延期以实现可持续发展，需要双方高层的重视和协调。

总之，中哈油气合作的前景依然美好，应再接再厉、顺势而为，努力把哈萨克斯坦打造成"资源、供应、效益、品牌"四位一体的"一带一路"核心合作区，永葆"先行者"本色。

"一带一路"倡议下中阿（阿联酋）全面战略合作解析

（2018年7月25日）

7月19日至20日，中国国家主席习近平对中东阿联酋阿布扎比的正式访问将中国与阿联酋的关系提升至"全面战略伙伴"高度。阿联酋是2018年3月习近平再次就任中国国家主席以来的首访国，也是近30年来中国国家元首首次出访这个海湾国家，举世瞩目、意味深长。

中阿两国的全面战略伙伴关系，首先让人想到的就是石油天然气领域的深度合作。两国7月20日签署的《中华人民共和国和阿拉伯联合酋长国关于建立全面战略伙伴关系的联合声明》涉及九个方面，"油气合作"是第五个方面。谈及油气合作时，其中一句话是这样表述的："两国认为油气领域合作是双方务实合作的重要支柱，支持两国企业在该领域进一步加强合作。"

可见，两国均对油气领域的合作给予高度重视，而"重要支柱"足以显示油气在中阿经贸合作中的重要地位。何谓"重要支柱"？中流砥柱也！油气合作已经在中阿两国经贸合作中扮演着"压舱石"的角色。可以说，经过近五年的快速发展，以阿布扎比为主的阿联酋油气市场已经成为中国企业投资中东油气市场的"新高地"。

阿联酋的油气储量主要集中在阿布扎比酋长国。就资源富集度而言，阿布扎比只是中东地区这一全球最大油气富集带的"小弟弟"，但最近几年中阿两国能源企业合作频繁，某种程度上已经超越了沙特阿拉伯、伊朗和伊拉克这样的"大玩家"。原因何在？

一是阿布扎比油气资源相对丰富。根据BP发布的2018年能源统计数据，阿联酋探明可采石油储量130亿吨（相当于中国35亿吨的3.7倍），占全球的5.8%；2017年原油产量1.76亿吨，占全球的4%，而消费量为4300万吨，属于全球石油出口大国。2017年，阿联酋出口到中国的原油为1016万吨，系中国第十大原油出口国。阿联酋天然气探明剩余可采储量5.9万亿立方米（基本与中国相当），2017年天然气产量604亿立方米，主要供国内消费。下游，2017年平均原油加工量100万桶/日（5000万吨）左右。相对丰富的石油资源是阿联酋对外合作的基础。

二是该国油气合作合同条款相对宽松。与其他海湾国家不同的是，阿联酋目前依然采用受外国投资者欢迎的"矿费税收制"合同模式，合同期60年，项目储量、产量、收入和利润可以合并到作业者的财务报表中；阿布扎比国家石油公司（ADNOC）虽是代表国家的项目合作控股方，但项目投资与运营基本交给外国投资者。

三是该国油气合作的财税政策稳定。阿联酋油气合作的财税政策体系是过去半个多世纪与BP、道达尔等欧美大石油公司的合作过程中逐步形成的、符合国际惯例的体系，其特点是稳定和互利共赢。

四是外国投资者的投资回报稳健。按照现行的项目合同和财税政策规定，阿联酋政府主要从项目收入和利润中获得矿区使用费和税收，剩下的归合同者分配。外国投资者作为合同者，其回报可谓相当稳健。

五是油气合作未来前景可期。阿联酋可谓整个中东地区投资环境最好的国家。其政治生态开明，经济金融开放，社会安全稳定，影响政局的王位继承也很顺利，各酋长国之间可谓各司其职、相得益彰。这一切让外国投资者将阿联酋视为投资和经营的"天堂"。

在上述有利因素驱动下，以中国石油为主的中国能源企业过去几年在阿联酋的油气合作可谓突飞猛进、硕果累累。继2013年5月中国石油与ADNOC签署"陆海项目"这一中型油气田勘探开发一体化项目后，2017年2月和2018年3月，中国石油分别成功参股阿布扎比ADCO油田和海上油田两个巨型项目的开发和运营。不仅如此，此次习近平主席出访阿联酋期间，中国石油与ADNOC在两国元首的见证下，签订了涵盖油气全产业链的《战略合作框架协议》；中国石油旗下的物探公司BGP成功获得了ADNOC价值16亿美元的三维地震采集服务合同，系BGP有史以来获得单个合同额最大的三维服务项目。这些使得双方的合作迈上了新台阶。

透过双方在油气领域的频繁合作与互动不难发现，阿联酋近年加大与中国公司的合作力度，既是其高度重视对华关系、"向东看"，瞄准和借重中国这一新兴大国的"战略动向"使然，也是该国多元化其对外油气合作市场，避免油气领域长期为欧美大石油公司独占的"策略考量"。

当然，两国的"战略伙伴关系的联合声明"中明确指出，双方的合作是全方位的，涉及政治、经济与金融、教育和科技、能源、领事保护、人文交流等方方面面。更为重要的是，习近平主席此次访问期间，提及最多的一个关键词就是"一带一路"。正如习近平主席同阿联酋副总统兼总理穆罕默德、阿布扎比王储穆罕默德举行会谈时指出，中阿是共建"一带一路"的天然合作伙伴，中方视阿联酋为"一带一路"建设重要支点国家，赞赏阿方提出的"重振丝绸之路"设想。对此，阿方积极回应，表示"一带一路"倡议受到国际社会广泛支持，阿联酋愿继续积极参与"一带一路"合作。

"一带一路"将是未来一个时期中阿双边合作的主旋律，"一带一路"倡议下中阿战略合作是双方的"共识"。油气合作既是中阿两国合作的支柱，更是"一带一路"建设的重要组成部分。"一带一路"倡议下的阿联酋与中国有着巨大的"互联互通"优势，应该将阿联酋打造成"一带一路"建设的"示范型"国家。

政策沟通，双方在政府和企业层面均有对接的基础。除了双方高层加强沟通外，中方企业可在各业务领域建立政策和标准对接机制，尽快实现重大政策、重点技术和产业标准协同对接。

设施联通，虽然中阿双方不是邻国，难以在基础设施、油气管道等方面构建连接彼此的通道，但双方完全可以在"空中走廊"上做篇"大文章"。阿联酋的迪拜、阿布扎比与中国的北京、上海、广州等一线城市均架起了"空中走廊"，这也是一种"设施联通"，未来这种联通拓展空间会更大。

贸易畅通，这里是一个"大贸易"概念，包括正常的货物贸易、投资和产能合作。鉴于中阿双方在经贸合作上互补性强，双方未来实现贸易畅通前景看好。以油气领域为例，除了上游勘探开发投资和原油贸易，还可以在工程服务、工程建设、装备与产能合作，特别是在下游石化产业园区建设等方面有较大的合作空间。

资金融通，是双方可以做大做强的重点领域。阿联酋，特别是迪拜酋长国金融业非常发达，堪称中东北非地区的金融中心。中国大型石油企业目前在中东北非的油气投资与贸易大多会在迪拜设立账户进行资金运作,未来的资金运作量只增不减。而且,阿联酋的各类主权财富基金和中国的同类基金合作的空间也很大,共同为在阿联酋的"一带一路"项目提供投融资支持。

民心相通,这是双方打造稳固、长久的"全面战略伙伴关系"的核心。据不完全统计,目前在阿联酋的中国人大约30万~50万人;阿联酋900万左右的人口中,约80%是外国人,这足以体现阿联酋的开放与包容,为双方实现"民心相通"创造了良好的外部条件。只要中国企业本着互利共赢、透明合规的原则开展合作,同时注重企业社会责任履行,中阿之间的民心相通定会水到渠成。

当前及未来一个时期,油气将在中阿经贸合作中继续扮演支柱角色,但中阿之间的合作不仅仅是油气,构建"一带一路"倡议下的全面战略合作关系是双方的战略共识,是利益所在、人心所向。

"后卡里莫夫时代"乌兹别克斯坦政局研判及中乌能源合作前景分析

（2016年9月12日）

9月2日，乌兹别克斯坦总统卡里莫夫因脑出血住院治疗后的第六天，乌兹别克斯坦官方正式对外宣布了卡里莫夫逝世的消息。预料已久的"后卡里莫夫时代"带着些许不确定性正式开启。

众所周知，卡里莫夫是乌兹别克斯坦威权政治的核心，现年78岁的他自1990年起至今长期担任乌兹别克斯坦总统。作为苏联时期成长起来的领导人，卡里莫夫在"大总统、小议会"式的威权政治体制下不断积聚个人能量，集国家元首、政府首脑（内阁主席）、武装力量统帅于一身。虽难以完全弥合与消除国内深层次的民族裂隙与党派纷争，但二十多年来卡里莫夫通过一系列渐进式的改革与高超的政治手腕，保持了国内政局的相对稳定，赢得了"强人总统"的称谓。在外界看来，卡里莫夫本人能力越强、手段越高，其继任问题就越突出，已成为该国最大的政治风险。

卡里莫夫离世及其接班人问题之所以如此引人关注，原因有三：一是乌兹别克斯坦地缘政治地位的重要性,苏联解体后近25年,整个东欧、中亚及阿富汗地区格局一直处于起起伏伏的动荡之中,作为唯一一个与中亚五国(即五个"斯坦")均接壤的国度,乌兹别克斯坦的地缘政治地位持续凸显;二是经过卡里莫夫总统本人及国人的励精图治,乌兹别克斯坦经济发展迅速,加上相对丰富的能源资源,乌兹别克斯坦在中亚地区已成为仅次于哈萨克斯坦的第二大经济体,综合国力及对周边的影响力逐步增大;三是作为强人总统,卡里莫夫一直使国家的内政外交保持较强的独立性,与美、俄等大国实施"等距离"外交,敢于对大国说不,且对华友好,主张中乌全面战略合作,中国目前已成为乌兹别克斯坦最主要的经贸合作伙伴。

卡里莫夫离世后,乌兹别克斯坦举国哀伤。从在乌兹别克斯坦的同事微信朋友圈转发的总统葬礼画面来看,可谓"十里长街送总统",这体现了乌兹别克斯坦人民对老总统的深厚感情。老总统的葬礼组织很有序,展示了乌兹别克斯坦内部的团结。意味深长的是,现任总理米尔济约耶夫和第一副总理阿济莫夫分别在左右抬棺。依据目前的形势,米尔济约耶夫接替卡里莫夫成为继任总统的可能性最大。道理很简单,米尔济约耶夫是乌兹别克斯坦最大政治派别——撒马尔罕派内部仅次于卡里莫夫的第二号人物,2003年12月被卡里莫夫任命为总理之后连任至今。多年来深得卡里莫夫的信任。若米尔济约耶夫当选下一任总统,乌兹别克斯坦的国内政治与经济政策至少将在中期内延续卡里莫夫的执政模式。当前态势下,中、俄等周边大国均希望乌兹别克斯坦政局继续保持稳定。第一副总理阿济莫夫虽然是美国相中的接班人,但美国在本国总统大选的胶着形势下,也没有必要在中亚地区过分折腾。乌兹别克斯坦有望保持平稳的政局过渡、权力应该可以顺利交接。

乌兹别克斯坦是中国与中亚地区"丝绸之路经济带"建设的重要支点国

家之一，经贸、地区安全和能源是双边合作的重点领域。近两年，中乌两国总统的互访和日趋频繁的高层往来，为两国奠定了良好的合作基础。经贸合作方面，双边贸易额逐年增长，中国已成为乌兹别克斯坦第二大贸易出口国，2015年中国与乌兹别克斯坦双边贸易额35亿美元（同比下降18.2%，主要系大宗商品价格下降所致）；地区安全方面，双方在上合组织的平台下，共同维护地区安全以遏制"三股势力"的蔓延；油气合作领域，已投产的中亚天然气管道A、B、C线和正在建设中的D线，均过境乌兹别克斯坦并将在未来向中国年输送逾850亿立方米天然气，这标志着乌兹别克斯坦在中亚天然气引入中国的战略中占有重要的中枢地位；勘探开发领域，目前中乌双方正在乌兹别克斯坦三个区块开展联合勘探，并计划兴建大型炼厂和天然气处理厂。总体来说，中乌能源合作处于历史上最好的水平，乌兹别克斯坦于中国而言，是当仁不让的"一带一路"沿线节点国家。

当前，乌兹别克斯坦已进入"后卡里莫夫时代"，政局走向虽基本确定，但仍存在不少"强人总统后遗症"。短期看，中国能源企业未来一个时期在乌兹别克斯坦投资、运营与贸易的不确定性有增大的风险。为此，提出如下加强双边能源合作、防控潜在风险的认识与建议。

一是在中国大力推进"丝绸之路经济带"建设的背景下，中乌双方在经贸、能源、文化与安全等领域均具有很强的互补性。中乌油气合作大局稳固、前景可观，考虑到乌兹别克斯坦在中亚天然气管道战略中的重要枢纽地位，应继续积极推动中乌能源合作。

二是密切关注大国在乌兹别克斯坦的战略动向。除乌兹别克斯坦国内各派系的争夺之外，外部势力可能采取的干预亦将对乌兹别克斯坦未来政局产生重要影响，或加剧乌兹别克斯坦各政治派系之间的矛盾，并引发危机。建议从国家层面及时掌握大国对乌兹别克斯坦及乌兹别克斯坦国内的战略动向，为中国能源企业及时调整在乌兹别克斯坦的投资和运营提供方向指导。

三是加强"后卡里莫夫时代"乌兹别克斯坦能源对外合作政策走向的研究。可以预见的是，如何打好手中的能源牌将成为新任总统平衡各国势力、稳定国内局势的重要手段。建议全面解析乌兹别克斯坦新政局下外交政策、油气政策的各种可能性；加强与乌兹别克斯坦的沟通与合作，力争在新政权初期，维持现有的油气投资优惠政策，努力降低投资与项目运营的风险。

四是加强安全风险防控，及早预警和应对。当前态势下，乌兹别克斯坦国内极端宗教组织或政治团体很可能通过制造恐怖事件或策划游行示威（如2005年的"安吉延事件"）等手段表达政治诉求。持续跟踪研究乌兹别克斯坦局势，并适时加强安保部署，提高防恐意识，确保中国能源企业的财产和员工人身安全。

法则九

守住底线

守住底线实际上就是树立底线思维,控制好那些对企业和项目合作有着重大威胁的风险。毕竟,有些错误、有些风险,一旦碰上且不能有效管控的话,那么企业和合作项目就离死亡不远了。所以,重大风险必须把控好,守住不因重大风险对合作项目产生颠覆性、不可挽回影响的底线。

企业"一带一路"投资运营的主要风险与应对

(2017年11月18日)

中国企业投资与经营"一带一路"到底有哪些主要的风险?怎么做好防范工作?这里结合能源企业在"一带一路"地区投资运营与风险管理的经验,做一些归纳。

首当其冲的是社会安全风险,最突出的就是暴恐袭击和绑架。"一带一路"沿线国家大多是高风险和极高安全风险的国家。由国际组织评估发布的每个国家每年的安全风险指数可知,比较突出的是中东地区、中亚地区、南亚地区。之前,中东地区是全球恐怖活动的中心,但自2016年底伊斯兰国(ISIS)被打掉以后,恐怖活动开始往四处溢出,散布到南亚、中亚,甚至欧洲地区都有此起彼伏的恐怖活动。恐怖活动呈现恐怖主义全球化、恐怖分子本土化、恐袭方式简易化、袭击目标多样化态势。当然,极端分子发动袭击有可能是通过绑架获得钱财,也不一定是有政治诉求的恐怖势力。如果中资企业的员工,特别是外派的中方员工受到袭击,那么对本企业在当地投资经营的负面影响是致命的。一个企业往往承担不了这种风险,所以需要信息、情报分享,需要专业化、网络化管理。

第二是沿线国家政局变化的风险。这个风险很麻烦,"一带一路"沿线国家多为强权政治、强人政治。这些国家的总统当政时,和中国的政治经济关系很好,但一旦他去世或者遭遇突发事件,整个国家往往会变天。怎么办?比如,现在应该开始着手考虑"一带一路"沿线重点国家五年、十年之后的政局动向和投资环境如何研判?中国和乌兹别克斯坦、哈萨克斯坦的能源合作到底怎么办?类似的问题还有很多,只能未雨绸缪。不仅仅跟台上的人打交道,也要跟反对派处好关系。

第三是地缘政治风险。地缘政治冲突表现在企业行为上就是,双方的企业在某一地区、某一领域发生激烈角逐和"死磕"。比如日本跟中国的企业在"一带一路"乃至全球范围,在能源、铁路、高铁、港口等方面进行全方位的竞争。当然日本的对外投资更多是参股项目,不谋求主导,因为国家小,母国的市场不够庞大,不足以支撑企业在海外进行大规模的投资、大规模的主导作业。日本在海外参股的油田项目的权益产量加起来,总量比中国的三大石油央企还多。中国大型企业跨国经营走的是和美国企业相似的道路,就是要当领导者。美国顶尖的战略学家罗伯特·吉尔平写过一本书叫《跨国公司与美国霸权》,讲的就是这个道理。中国是大国,将来可能要成为全球性一流大国,因此,要在更多情况下谋求主导运营。实际上跨国公司数量的多少,实力的大小,是这个国家综合竞争实力的象征。所以要谋求控制权,要当头。只有当头以后,才能获得额外收益,不仅仅靠最终产品赚钱,而是在运营过程中就已经将投资回收了。掌控全价值链和产业链,这就是当头的好处。这就是所谓的溢价。

法则九
守住底线

"一带一路"的一些大项目,更多情况下要谋求与他国企业合作,可以跟欧洲、美国企业联手,也可以与当地企业联手,形成多方合作的实体来分担投资、分担风险、共享收益,这是避免重大风险的法宝。我们都知道原来的中电投,在缅甸密松水电站项目投入几十亿元,但是后来项目被缅甸政府叫停,直到现在尚未复工。这个项目是百分之百的中资项目,如果当时有美国企业参与,哪怕只有10%的股份,缅甸政府可能就不会、也不敢叫停,这就是单打独斗的风险。如果拿百分之百,就要承担百分之百的风险。所以对于缅甸这种高度敏感的地缘政治节点国家,还有伊朗、伊拉克、阿塞拜疆等,机会虽然会很多,但要搞多方合作的联合作业体,不要单打独斗。

第四是金融风险。包括利率、汇率异常变动带来的风险,特别是"一带一路"重点地区。像哈萨克斯坦坚戈,它紧跟卢布,如果卢布贬值,当地货币极可能就会贬值。记得2014年的一次贬值非常迅猛,哈萨克斯坦坚戈一下贬值23%,这于外国企业而言几乎是灾难性的。比如,法律规定在当地作业的石油工程服务企业必须按照当地货币结算,如果当地货币贬值20%,一年就白干了;对于投资方(油公司)还好,当地货币贬值意味着投资者的生产运营成本降低了。

第五是"非技术风险"。企业自身可以解决的、属于项目本身的风险叫作技术风险。每个行业都有自身的技术风险,企业解决起来相对得心应手。但是非技术风险是外部环境带来的,难以防范。比如NGO(非政府组织)沟通问题、媒体沟通问题、部落问题、原住民问题、透明管理、合法合规等,此类问题往往层出不穷。"一带一路"投资过程中,企业面临的最主要的问题是疲于应付,怎么应对媒体、怎么应对NGO。作为企业必须要跟媒体打交道,但是如何做到专业化的应对和交流?还有,如何防范腐败问题?"一带一路"地区很多国家在"透明国际"中的排名都是非常靠后的,这些国家的腐败已经到了惊人的程度。

以上五个方面的风险,基本涵盖了企业在"一带一路"地区投资运营时面临的突出问题。那么企业应该如何管控、如何应对?

一是苦练内功,加强经济与技术评估与评价,把经济风险、投资风险控制在源头。对于在"一带一路"地区进行的大规模经营行为,无论是投资项目还是工程服务项目,都要开展技术评估与评价。当然,高风险意味着高回报。高风险国家的投资回报率必须高于本企业的平均投资回报标准,达不到的话就要谨慎了,或者能够找到对冲此类风险的途径。

二是建立健全境外安保防恐的管理体系。定期不定期研判各种风险及其变化的特点和趋势,特别是要建立应急预案,要不断演练,不要怕麻烦。定期不定期的演练非常重要,因为一旦风险来了,光靠本能反应、本能行动是不行的。

三是着力防范非技术风险。非技术风险在风险管控中是大头。中国石油的一些海外项目已经建立起"三联机制",即"联谊会、联席会、联管会"。联管会是合作伙伴之间的,它决定年度的投资计划和重大投资安排,这些计划和安排往往合同里都规定了。联席会,一般都是项目公司跟当地中央政府、地方政府的联席会,定期不定期召开。联谊会是跟利益相关方,比如媒体代表、NGO代表、油气项目所在社区的代表、项目所在部落的代表,定期组织他们一起商议。把三联机制做到实处,往往可以解决很多非技术风险,或者可以获得很多信息,防患于未然。

四是建立专业化的风控队伍。有条件的企业可以成立"一带一路"安保防恐与应急中心。如果中资企业在"一带一路"的高风险、节点国家均有大规模投资，则更需要加大投入建立一支专业化、国际化的安全风险管控队伍。专业化风控队伍的一个重要职责是做好"情景规划"，分析不同情景下，企业的应对之策，并适时向公司决策者汇报，让决策者做到心中有数。

海外大型油气合作项目的四个"关键敏感时点"

(2018年6月10日)

海外大型油气合作项目动辄投资数十亿甚至数百亿美元,风险把控是项目投资与运营永恒的主题。无论是地缘政治风险、东道国政局风险,还是金融财税风险(主要表现为当地利、汇率和财税政策波动)、法律合规风险、市场风险等,最终还是归结为投资风险。对于石油公司(外国投资者)而言,能不能按期回收巨额的投入,并取得既定的投资回报,这是第一要务,也是考量一家石油公司海外投资运营管理能力的关键。

业内人士比较关注"一带一路"地区油气合作项目的风险识别和应对问题。一个典型的跨国上游油气合作项目的合同期差不多20~25年,大致分为勘探期、开发建设期、投资回收期、稳定经营期,以及合同到期退出(或延期)这几个阶段。结合所了解的国际同行在项目投资和运营过程中遭遇的重大风险及应对案例,梳理了海外油气合作项目合同期中容易出现重大风险的四个"关键敏感时点"。

法则九
守住底线

关键敏感时点之一：合同者（外国投资者）取得重大油气商业发现的时候。稍有实力的国际石油公司一般都愿意从"风险勘探"（或称"自主勘探"）这一油气合作项目的"原点"干起。道理很简单：可以通过较少的投入换取超额甚至巨额的回报。一旦获得重大油气发现，其获得商业油气的代价往往是低廉的，其桶油发现成本是收购现成储量折合桶油成本的五分之一甚至十分之一。当然，如果没有取得油气发现，那么石油公司（合同者）的前期勘探投资只能"沉没"。因此，风险勘探有"十年不开张、开张吃十年"之说。

大部分欠发达的东道国在本国未获得油气发现时，往往以"极其优惠"的合同条款吸引外国投资者（石油公司或合同者）前来投资，石油公司的实力越强，拿到的合同条款越优惠，主要是与东道国在油气收入、利润分成的比例上占得优势，这就埋下了东道国"伺机反击"的种子。项目起始阶段和勘探作业实施过程中，双方基本相安无事。但如果上天眷顾，合同者"发现了大象"（埃克森美孚公司把重大油气发现称为"发现大象"），往往会震动东道国朝野，这时候，要求修改合同条款的声音不绝于耳。而合同者在东道国眼里也由"雪中送炭者"变成了"资源掠夺者"。发现大象后，双方的合作就变得复杂起来，由纯粹的经济问题演变为政治经济学甚至是国际关系问题。这一关键时点，合同者面临的政治风险突然高企。

近十多年，反映因重大油气发现而使合同者陷入巨大政治漩涡的案例莫过于一家名为Kosmos Energy的美国独立石油公司在西非加纳Jubilee巨型油田发现之后上演的跌宕起伏的政治博弈大戏。因朋友推荐，有幸看到了关于Jubilee油田发现后多方博弈的纪录片。这部名为"Big Men"（大佬）的纪录片，讲述了Jubilee这一世界级油田（探明石油可采储量高达10亿桶以上）被发现后，围绕油田控制权和作业权、开发方案设计、投资及收入利润分成等问题，加纳政府、Kosmos Energy、埃克森美孚等国际石油巨头、来自中国的两家石油央企、美国海外反腐败调查局、黑石投资集团和华平创业（Warburg Pincus）等诸多利益相关者、监管者、潜在买家、资本大鳄之间上演的"宫斗大戏"，真可谓惊心动魄、高潮迭起。

最终，Kosmos Energy更换公司总裁、在关键合同条款和项目股权比例做出重大让步，才保住了该油田的作业者地位。争斗的复杂性和结局的戏剧性是Kosmos Energy这家位于美国休斯敦的独立石油公司管理层事前无论如何也预想不到的。这足以体现，石油公司在重大油气发现后所遭受政治风险的激烈程度。

关键敏感时点之二：项目建成投产并进入投资回收期的时候。当一个油气合作项目从项目勘探期顺利过渡到开发建设期后，随着项目开发方案得到东道国政府批准，项目便进入实际性大规模开发建设阶段。这一阶段为期三至五年，也是整个项目合同期中投资最为密集的阶段，项目总投资的80%左右往往是在这一阶段发生的（如果没有二期或三期工程）。项目建设的关键是如何统筹平衡项目投资、进度、质量三者之间的关系，个中过程是考验合同者（石油公司）项目管理能力和国际化运营能力的试金石。如果油气田现场远离消费市场，合同者一般还要同步铺设管道到出口终端（港口），或者建设炼厂（或LNG加工厂）等设施，以顺利实现油气资源的市场价值。

以上阶段，合同者（石油公司）与东道国政府基本相安无事，考验的是合同者的内部管理与运营能力。但当合同者费尽周折建成项目、油气田开始进入生产阶段、合同者进入期盼已久的投资回收期这一节点时，问题和风险往往尾随而至。这一时点，合同者是最"弱势"、最被动的。数十亿或数百亿已经砸进去，能否顺利实现回收，还是个未知数。此外，合同者还面临以下主要风险：一是东道国突发政变、战争等"不可抗力"，若发生政变，新上台的政权一般都要与合同者重新谈判项目合同，合同者将处于极端不利的地位；极端情况下，一些不守合同法律信用的东道国政府可能会没收油田资产，使得合同者陷入绝境。二是东道国以油气田项目未达到双方商定的目标产量水平、项目建设过程中未充分使用当地服务商、供应商（所谓"当地含量"要求）、项目严重超投资拖工期等为由，强行推迟合同者启动投资回收的时点，变相提高合同者启动投资回收的条件。三是如果合同者赶上了国际油价大涨的"好时机"，东道国政府会要求重新谈判合同，提高政府对石油产量和利润的分成比例，遏制合同者过快回收投资。

《石油即政治》（Private Empire）这本书中提到，当年埃克森美孚公司在西非乍得的大型油田项目建成并进入投资回收期时，便频繁遭受乍得政府的干预和阻挠。好在埃克森美孚公司实力雄厚、能量强大，动用美国政府、世界银行的力量，"摆平"了乍得政府，顺利实现投资回收并取得巨额回报。试想，如果换作一般实力的外国投资者，恐怕就没有埃克森美孚这么幸运了。

关键敏感时点之三：项目产量水平达到高峰，并处于投资回收"黄金期"的时候。这个时间节点更加关键，也更加敏感。如果油价适中或者高企，达到高峰产量的油气田项目正成为合同者的"现金牛"，特别是对于矿费许可证或产品分成合同，那么合同者就能够获得超额回报。这一时期，产量规模效应和资本性支出较少甚至没有，项目的单位成本（桶油完全成本）处于最低水平，项目的盈利能力最强，是投资者回收投资的"黄金期"。

然而，这一时期也是东道国对合同者的"特别关注期"，东道国往往会想方设法通过加征出口关税、提高本地"义务油"供应比例、收取超额利润税等手段遏制合同者过快回收投资，以降低合同者的投资回报率。或者干脆通过

"环保稽查""劳工检查"等手段,给合同者扣上"污染环境""违反当地劳工法"(证据确凿、的确违反当地法律法规的案例除外)的帽子,堂而皇之地对合同者开出数千万、上亿甚至数亿美元的"天价罚款",从而变相达到增加政府所得、延长合同者投资回收周期的目的。

国际石油公司实施项目作业过程中,上述"暗亏"真的吃过不少。最为典型的是某亚洲石油公司在非洲某东道国钻井作业过程中油污处理不当,被当地社区举报,再加上西方媒体不实报道和非政府组织(NGO)的大肆渲染,导致被当地政府以"污染当地生态系统"为由处以高达十亿美元以上的罚款。虽然最终双方通过谈判妥善解决了这一事件,但给处于投资回收黄金期的外国投资者敲响了警钟。苍蝇不叮无缝蛋,特别是在环保、税务、劳工等方面,不要给东道国留下把柄。

关键敏感时点之四:项目合同期结束,合同者即将退出或申请延期的时候。按理说,当合同者履行合同义务已近尾声、行将退出油气田项目区块的时候,应该是合同者"功德圆满",合作双方坐下来喝杯"告别酒"的时候。但实际情况并非如此。合同者这时候依然不可掉以轻心,稍有不当,依然会被东道国政府揪住小辫子不放,非得让你"出点血"才放你一马。

处于项目收尾阶段并准备退出时的合同者,遭遇最多的问题就是项目遗留的法律纠纷以及政府以各种问题尚未解决为由"要挟"合同者,往往以合同者向政府缴纳一笔不菲的"项目弃置费"结束合同。政府拿出来说事、出现频率最高的依然是环保问题,特别是处于热带雨林、草原、河流等敏感环境下的合同区块,政府甚至将前合同者遗留下来的问题一股脑算在现任合同者的头上。面对政府的强势,合同者可以诉诸法律程序,但赢的概率不大。

上述典型案例往往发生在环保标准严格且拥有丰富合作经验的拉美地区和

发达地区。比如,某国际石油公司在秘鲁的项目合同期结束、行将退出时,遭遇数十项当地政府和社区发起的环保诉讼和纠纷,最终补偿一笔数千万美元的款项"息事宁人"。

以上四个敏感节点或四种风险是石油公司(合同者)在投资运营项目过程中需要特别注意的。当然,绝不是说把东道国政府当"敌人"看,处处防着。合同者必须明白,在东道国从事投资和作业,政府才是永远的老板,取得政府的支持是项目合同顺利执行并取得成功的关键所在。

聪明的合同者不到万不得已,绝不会与政府"死磕"。高明的合同者通过自身技术和管理优势,设法提升油气项目产量水平,设法实现项目可持续发展,把双方合作的"蛋糕"做大。在保障政府取得"超出预期"收入的同时,自己也获得额外的收益,从而避免了"零和博弈"的困境,实现共赢或多赢。

中东地缘政治变局及其对"一带一路"油气合作的影响

(2018年2月4日)

作为全球石油天然气生产和供应的"心脏地带",中东地区2017年显得尤为混乱。旧的冲突尚未解决,新的矛盾接踵而至。自6月以来,该地区的"坏"消息此起彼伏,不断吸引着世界的眼球。

先是2017年6月初沙特阿拉伯联合其他7个阿拉伯国家,"围剿"自家兄弟——卡塔尔,八国陆续宣布与卡塔尔断交,在全球范围内引起轩然大波,直到现在尚未妥善解决;再是6月底,沙特阿拉伯国王"突然"更换王储,将自己的儿子推上位,新王储"改革"与"反腐"两手抓进行得异常高调;接着是9月,伊拉克库尔德地区举行独立公投,92.7%的人支持库尔德独立,在中东乃至全球也引起不小震动,相关国家都卷入其中;再就是发生在11月的黎巴嫩总理先辞职、再复职的"闹剧";故事远未结束,进入12月,又发生了也门前总统萨利赫步卡扎菲后尘、在与前盟友胡塞武装的冲突中丧生的事件;临近岁末又发生一件大事,那就是12月28日伊朗国内大规模游行示威骚乱事件。此外还

法则九
守住底线

有2017年4月的土耳其宪法公投,按照公投通过后的宪法,土耳其现任总统埃尔多安可以一直干到2029年。

能够称得上"好"消息的似乎只有一个,就是在美国和俄罗斯的双重打击及伊拉克、叙利亚、土耳其等地区政府军力量的围剿下,伊斯兰国(ISIS)作鸟兽散,官方宣布ISIS已经被消灭,至少从国家的形态上已经被消灭。但近期叙利亚、伊拉克等地陆续、密集发生的暴力恐怖事件提醒我们,ISIS虽整体上被消灭了,但其个体力量似乎无处不在,难以彻底清除。

2017年以来,美俄在中东地区的"战略博弈"继续演化。美国特朗普总统当政以来,一改前任的"新自由主义"对外政策,推行更加务实的外交,5月首访沙特阿拉伯,强化与沙特阿拉伯的盟友关系;借机打压"宿敌"伊朗,美伊关系恶化,直接导致伊核协议被架空。与此同时,俄罗斯"死盯"叙利亚这一战略要地,借打击ISIS之名加紧布局中东和北非。中东地区虽未上演20世纪冷战时期"美苏争霸"的直接对立,但战略博弈的特点明显。

中东此起彼伏的乱象提醒着世人,该地区依然是全球矛盾和冲突的焦点,堪称世界乱象之最。此时的中东可以用"四期叠加"来形容,即政治版图坍塌期(中东地区既有的政治版图系第一次世界大战后奥斯曼土耳其帝国解体后形成的,已近100年)、教派冲突高发期(以沙特阿拉伯为代表的逊尼派和以伊朗为代表的什叶派)、大国博弈胶着期和社会变革转型期。

那么2017年的中东大乱局对全球油气行业、对全球油气市场的影响几何?颠覆性、实质性的影响并没有发生,有点"雷声大、雨点小"的味道。但次生的、潜在性的风险不容忽视。

尽管中东地区2017年陆续发生诸多重大事件,但对世界油气产业并未造成实质性或颠覆性的伤害,主要的原因在于沙特阿拉伯、伊拉克、伊朗、阿联酋、科威特这几个中东主要产油国国内形势基本保持稳定，外围地带虽然打闹得厉害，但并未伤及主要产油国。沙特阿拉伯是当仁不让的欧佩克核心产油国，在全球石油市场上的分量举足轻重。2017年，沙特阿拉伯继续保持其国内石油生产基本稳定的同时，开始关注国内改革，新任王储小萨勒曼对沙特阿美这一全球最大的国家石油公司"情有独钟"，不遗余力地推动其在资本市场上市。伊拉克经受住了北部库尔德人独立公投和西部ISIS武装袭击的考验，主力产油区南部油田并未因独立公投和安全问题受到明显影响，外国投资者过去几年的大规模开发建设投资开始见效，推动伊拉克的石油生产水平连年提升，2017年伊拉克石油产量预计比2016年提升10%以上（实际数据尚未获得）。伊朗的石油生产继续保持国际制裁解除后"积极向上"的态势，国内石油产量稳中有升，11月与法国道达尔、中国石油就南帕斯11区合作开发达成框架协议，被视作自2015年制裁解除后最具影响力的国际石油合作项目。而阿联酋、科威特、阿曼等次重要的产油国因国内形势基本未受到该地区乱局的影响而保持生产和出口供应稳定。值得一提的是，阿联酋油气市场加大对外开放力度，特别是"向东看"，2017年初，中国石油和华信能源双双参股了阿布扎比陆上最大的ADCO油田项目。

总体看，随着美国页岩油气革命成功使得美国"独善其身"倾向明显、对中东地区干预意愿相对降低，以及全球能源转型步伐加快、对石油天然气等化石能源希冀和欲望降低，中东地区这一全球石油天然气生产供应心脏地带的战略地位可能进一步下降，"中东一打喷嚏、全球石油市场就感冒"的现象未来发生的次数会越来越少。当然，沙特阿拉伯和两伊（伊拉克、伊朗）依然是全球石油市场"供给侧"的主力军。实际上，正是以沙特阿拉伯为首的欧佩克国家与以俄罗斯为首的非欧佩克国家2017年在石油限产上继续维持共识、切实履行限产协议，才使得全球石油市场保持供需相对平衡，促使国际油价从年初的不到50美元/桶，上升至年底的62美元/桶以上，上涨了24%。

不过，2017年中东乱象带来的潜在的地缘政治风险、安全风险、投资和法律风险不容忽视，特别值得中国投资者给予足够关注和重视。一是美俄两大集团在中东的对立倾向愈加明显，美国领导下的美国、沙特阿拉伯和以色列集团，与俄罗斯支持下的俄罗斯、伊朗、土耳其、叙利亚集团的博弈，将是未来一个时期中东地缘政治格局的主旋律。相应的，中国能源企业投资两伊、沙特阿拉伯等国将面临巨大的地缘政治风险。二是ISIS的"碎片化"加剧，独狼式袭击无所不在，一定程度上加剧了伊拉克、叙利亚等地区的社会安全风险，需要中国企业以更加到位的措施加以防范。三是特朗普高压下和内部矛盾重重的伊朗油气市场政策走向仍不明显，外国投资者观望居多，中国企业在对伊朗投资上要审慎决策，规避重大投资和法律风险。

展望2018年，中东地区会继续延续2017年的"四期叠加"特点，巨大的挑战将持续存在，尤其是近两个月发生的在俄罗斯支持下土耳其"入侵"叙利亚，与美国变相支持下的库尔德武装的"互怼"，形势究竟朝着什么方向演化，目前尚不得知。但也不乏"亮点"，值得首推的便是沙特阿美上市。如果上市成功，那么沙特阿美将成为人类有史以来规模最大的企业上市行为，值得全球石油界和资本市场期待。

俄乌"斗气"再次彰显跨境天然气供应的地缘政治特征

（2018年4月8日）

3月以来，俄罗斯与乌克兰之间发生了新一轮的"斗气"❶风波。这源于2月28日的斯德哥尔摩仲裁法庭判定，因没有按照合同向乌克兰输送足量的过境天然气，冲抵乌克兰拖欠气款后，俄罗斯天然气工业股份公司（俄气）最终应支付乌克兰国家石油公司25.6亿美元欠款。因不满此裁决，俄气旋即表示不会恢复对乌克兰供气，并启动程序终止合同。

俄乌双方关系再度剑拔弩张。俄气总裁米勒指责仲裁法庭实行双重标准，并称将对法庭裁决提出上诉。他认为决议打破了俄乌供气合同中双方的利益平衡，解决乌克兰的经济问题不应由俄气买单，在这种情况下，继续履行合同对俄气来说无利可图。3月7日，乌克兰政府宣布冻结并查封俄气在乌克兰的资产，称俄罗斯无权单方面终止于2019年底到期的供气合同。乌克兰国家石油天然气公司商务总监尤里·维琴科在其facebook上写道，因为气荒，乌克兰不得不

---

❶ "斗气"是一种形象的表述，在俄罗斯与乌克兰第一次因天然气问题发生矛盾的时候，这种说法就有了。

从欧洲以高于俄气四倍的价格购买天然气。运行数据显示，3月，来自欧洲供应商的天然气加权平均价格超过俄气价格的33.9%，其中产生的额外债务都应由俄气承担。

俄乌"斗气"历程及俄罗斯的应对

乌克兰是俄罗斯天然气出口欧洲的重要过境国，俄气通过"联盟""兄弟""北极光"三条建于苏联时期的管道经乌克兰向欧洲供气。21世纪初，俄罗斯每年过境乌克兰输往欧洲的天然气达1000亿立方米，约占俄罗斯对欧洲出口天然气总量的85%。自2005年以来，俄乌之间政治经济关系愈发错综复杂，双方围绕供气价格、数量、欠款和过境费等问题争执不断，频频上演"斗气"戏码。2009年初的俄乌天然气冲突更是殃及欧盟，给严寒中的欧洲近20国造成能源灾难。2014年克里米亚公投入俄后，俄乌关系恶化，2015年底，乌克兰停止从俄罗斯进口天然气，转从欧洲购气。

为摆脱对乌克兰管道的过度依赖，俄罗斯实施出口通道多元化战略。俄罗斯多元化对欧洲出口渠道的一个重大举措就是强力推动穿越波罗的海直达欧洲的"北溪"管道项目。其中，北溪1号天然气管道项目设计输送能力550亿立方米/年，2006年正式启程建设，全长1220千米，管道东起俄罗斯北部港口维堡，穿越波罗的海一路西进，到达德国的格赖夫斯瓦尔德。该管线于2011年底建成投产，由此终结了俄罗斯输欧天然气必须经第三国中转的历史。投产后，2012年俄气过境乌克兰输送的天然气降低了20%。2017年，俄气过境乌克兰输气940亿立方米，仅占对欧洲供气总量的48%。

2015年9月，俄气宣布，与德国意昂（Uniper）能源集团、壳牌石油、法国能源（Engie）和奥地利石油天然气集团（OMV）等6家欧洲能源公司合作，组成联合公司,共同投资修建"北溪2号"天然气管道,建成后每年将再增加550亿立方米天然气的输送能力,约占欧洲年消费量的10%。北溪2号管线计划于2019年底建成,2020年起输。俄气计划在北溪2号管线投产后,撤销近4000千米的陆上天然气管线,俄气方面称经波罗的海向欧盟供气成本比经乌克兰供气低62%。

但是,近两年,受俄罗斯与欧洲关系恶化的影响,北溪2号管线能否如期建成存在较大不确定性。2016年8月,参与该管道建设的欧洲伙伴撤回了合资组建该管线的申请,俄气面临独家承建该管线的尴尬局面。据悉,导致管道建设被搁置的直接原因是波兰的反对。波兰反垄断竞争委员会(PCA)明确指出,该项目将严重影响俄罗斯对波兰的能源供应能力。不仅波兰,中东欧各国都反对该项目。目前,北溪2号何时能够建成投产尚未有定论。

俄乌斗气的影响分析

2018年3月再度爆发的俄罗斯和乌克兰"斗气",又一次彰显了跨境管道天然气运输和贸易的地缘政治属性,由此带来的天然气安全供给问题再次给欧洲用气大国带来不小的麻烦。

第一,俄罗斯动辄停止对乌克兰供气是"天然气大棒"政策的惯性思维使然。此次斗气事件的导火索是俄罗斯对斯德哥尔摩仲裁法庭判决结果不满,俄罗斯认为判决结果不公正,其背后有政治因素,遂停止对乌克兰供气。俄罗斯此举有欠理智的成分,毕竟,这是国际仲裁法庭做出的判决。俄罗斯如果不服气,那么可以提出上诉并通过法律手段维护自己的权益。动辄挥舞"天然气大棒",停止对乌克兰这一"过境国"供气,从而间接得罪欧洲这一消费俄罗斯天然气的最大群体,这不仅会导致俄罗斯天然气出口收入的锐减,也使得在俄罗斯与美国和西方关系恶化背景下，俄罗斯的国际声誉进一步下滑。俄罗斯既输了面子又输了里子。

第二，乌克兰危机下的地缘政治冲突使得此次"斗气"的态势更加复杂化。2014年乌克兰危机爆发以来，俄与以美国为首的西方爆发激烈的地缘政治冲突，与以美国为首的西方的政治关系降至冷战以来的最低点。此次斯德哥尔摩仲裁法庭做出对俄罗斯不利的判决结果，进一步强化了俄罗斯对以美国为首的西方的"怨恨"与不满，使得俄乌两国天然气过境和贸易这一商业问题夹杂了更多的地缘政治博弈成分，加剧了问题的复杂性，解决的难度增大。另外，俄罗斯此举也是对乌克兰前期通过的加强对东乌克兰地区特别是顿巴斯这一乌克兰最大煤炭基地控制决议的有力回应。在俄罗斯与以美国为首的西方关系进一步恶化的背景下，乌克兰出台加强对顿巴斯地区控制的决议，有在东部地区"收复失地"之意，引起了俄罗斯的警觉和不满，因而借断气来敲打乌克兰。

第三，俄罗斯天然气出口多元化使得俄罗斯主动权在握，但天然气及LNG进口的多元化也使得欧洲和乌克兰抗风险能力持续增强。总体而言，俄罗斯在"北溪"管道建成投运后，对乌克兰这一最大过境国的依赖性降低，俄罗斯的主动性和回旋余地增加，与乌克兰斗法的底气更足。但是，随着北美页岩油气革命成功，全球天然气及LNG的流动性大大增强。此次俄罗斯对乌克兰断气过程中，欧洲加大了对乌克兰的反向输气（乌克兰主动通过其他渠道进口天然气就是明证）。因此，面对欧洲和乌克兰天然气进口愈加多元化的现实，俄罗斯"天然气大棒"策略的"边际效用"将逐步递减。

俄乌"斗气"对中国进口天然气的启示

俄乌每隔几年就发生一次"斗气"虽是俄罗斯以"天然气武器"应对来自

以美国为首的西方愈加紧逼的地缘政治压力"个案",乌克兰不幸成了俄罗斯与西方"掰手腕"的角力场。但总的来看,随着美国、西欧与俄罗斯的紧张关系持续发酵升温,以及世界范围内的"逆全球化"倾向加剧,大国纷争不断,全球能源地缘政治的动荡态势也日趋严重。曾经慢慢淡化的"能源供应安全"问题又重新进入人们视野。特别是天然气供应安全问题,愈加引起各天然气消费大国的重视。

2017年,中国的天然气消费量同比增加18%,达到2350亿立方米,对外依存度近40%。显然,中国已经迈进全球天然气消费大国的行列。如何获得稳定、安全、低价、灵活的海外天然气供给不仅是经济与市场问题,也是重大的地缘政治和国家战略问题。

未来,中国的天然气进口需要充分汲取俄乌"斗气"的教训,做足应对境外天然气短供或断供的应急预案。

一方面要做足技术和业务本身的应对预案。与石油这种已经形成全球性统一市场和标杆价格体系的大宗商品不同,天然气及LNG目前尚未形成全球统一的市场交易和价格结算体系,天然气的供需还带有明显的地域性。再加上与对石油的"刚需"不同,天然气消费需求的"峰""谷"之差特别明显。以京津冀为例,2017年该地区用气高峰月份的消费量是低谷月份的10倍!如果特殊的外部情况发生,比如遭遇极寒天气,那么天然气消费的峰谷之差会进一步加大。如何应对天然气消费这种季节性的不稳定?除了在国内构建储气设施等办法外,如何将这种不稳定通过合理方式传导至出口国与过境国,并建立起稳定、灵活的涵盖出口国、过境国和消费国三方的协调机制和价格调节机制,显得尤其重要。

另一方面要做足应对生产国和过境国不确定性的预案。跨境管道天然气的供应与贸易从来就不是单纯的经济问题，常常为天然气生产国、过境国或者消费国所利用，成为与政治挂钩的典型国际政治经济学问题。去冬今春，中国国内出现的天然气短供和大面积气荒，虽然个中原因很多，但一个不可忽视的因素是土库曼斯坦这一中国最大的天然气进口国"意外"减少供应，加剧了国内气荒。从俄乌多次"斗气"和欧盟应对的经验来看，多元化进口渠道是必由之路。因为一旦遭遇紧急情况，能够以可比价格从其他国际市场渠道获得天然气。

在可预见的未来，"多元化进口、国内外联动"是解决我国天然气供给安全的必由之路。俄罗斯和乌克兰再次"斗气"，又一次敲响了警钟。俄罗斯至中国的天然气东线管道、西线管道建成投产后，要未雨绸缪，做好做足供应方短供或断供的应急预案，始终将主动权掌握在自己手里。

"一带一路"的工笔画：
关键是管控好六类"安全"风险

（2019年4月6日）

2019年4月堪称"一带一路"月，继2017年5月我国成功举办首届"一带一路"国际合作高峰论坛后，第二届高峰论坛将于4月底在北京举办。可以说，这是今年我国举办的规模最为宏大的"主场外交"活动。此外，各类机构组织的数不清的有关"一带一路"的研讨、论坛、会议、仪式等也将在4月举办。

以油气合作为重点的能源资源开发一直是"一带一路"建设的重中之重，是"一带一路"倡议的"先行者"和"主力军"，也是"一带一路"建设率先实现从"大写意"到"工笔画"的产业。毕竟，相较于其他领域，"一带一路"的油气合作可以追溯到20年前。

第一个吃螃蟹的是中国石油。1997年，中国石油抓住苏联解体后中亚地区地缘政治调整的机遇，契合哈萨克斯坦油气领域对外开放、吸引外资的诉求，一举拿下该国阿克纠宾州的油气田项目资产集群。经过20多年的开发建设和运营，该项目2018年油气作业产量依然保持在1000万吨以上，一直保持着哈萨克斯坦第四大油气生产商和供应商的名头。该项目20多年的精耕细作堪称一幅细致入微的"工笔画"。

项目是"一带一路"建设的核心和载体。回顾阿克纠宾油气田项目和同类项目的运营管理历程发现，对安全的把控和逐一化解此起彼伏的"安全风险""安全陷阱"，才是项目生存立足的根本。

这里的安全不是狭义的安全，不仅是人身安全和安保防恐，而是一种"大安全"的概念。具体来说，有以下六类"安全"风险是能源资源开发企业以及相关领域的"一带一路"投资者需要注意和防范的。

第一类：大国博弈、地缘政治冲突给油气合作项目带来的"战略安全"风险。"一带一路"地区涵盖太多的能源"战略要冲"，中东的波斯湾、俄罗斯美欧争夺的乌克兰、中国南海、巴基斯坦印度洋出海口、马六甲海峡、苏伊士运河、博斯普鲁斯海峡（土耳其），以及孟加拉湾等，无一不对"一带一路"地区乃至全球的能源地缘政治产生重要影响。

这些要冲往往是大国博弈的焦点。当前，美国恢复并加大对伊朗的石油制裁，以及美国与俄罗斯交恶而加大对俄罗斯的制裁，是中国企业参与"一带一路"油气合作面临的主要"战略风险"。

战略风险无法或难以在企业层面化解，除非大国关系得以调和，或者周边地区的紧张态势"柳暗花明"。企业唯一能做的就是做好情景分析，准确预测最坏情景的出现并备有应对危机的预案。

第二类：强人政治时代变迁引发政局动荡而导致的"政治安全"风险。"强人政治"表现最突出的是中亚地区。2016年9月，乌兹别克斯坦总统卡里莫夫突然离世，在中亚地区引发了不小的波澜，也给中国与中亚的油气合作带来了较大的不稳定因素。中国引进境外天然气的最大通道——中亚天然气管道就从乌兹别克斯坦过境。卡里莫夫是乌兹别克斯坦的"立国总统"，苏联时期就是知名的政治家，其离世的确让整个乌兹别克斯坦和周边国家心慌不已。好在后面的局势过渡平稳，乌兹别克斯坦也顺利变迁到"后卡里莫夫时代"。

"一带一路"
Belt and Road Initiative 中国油气与世界

无独有偶,2019年3月19日,比卡里莫夫名头更响、影响力更大的哈萨克斯坦立国总统——纳扎尔巴耶夫"意外"宣布辞职,由参议院议长托卡耶夫任临时总统。在国际社会和哈萨克斯坦国内引发了不小的震动。大家纷纷在问,"后纳扎尔巴耶夫时代"来临了吗?未来十年甚至二十年,中哈两国能源合作之路到底怎么走?

"强人政治"的一个典型特征是,强人在、岁月静好,强人走、烽火连天。对于外国投资者而言,资源国强人政治时代变迁引发的"政治安全"风险着实不可小觑。对于此类风险的防范,一个重要因素就是企业要按照国际惯例运作项目,项目的立项和审批都要经得起法律的检验,而非通过什么"特殊关系"获得,这样即便反对派上台也难以置项目于死地。

第三类:资源国对外合作政策变化、国家政策调整对合作项目产生的"经济安全"风险。要知道,油气合作项目顺利开工建设的前提是项目的经济可行性和技术可行性。技术可行性取决于外国投资者的技术能力,没有太多的"外部性"。而经济可行性则要复杂得多,除了受到外国投资者本身的经济实力和评价标准的影响,更多是由资源国的对外合作政策(反映在油气合同条款上)和财税政策所决定的。

因此,大部分油气项目合同均设有"稳定性"条款,其目的就是外国投资者防范资源国随意变更合作政策。但是,"政府才是永远的老板"。在资源国政府面前,外国投资者永远是"弱势群体"。面对变得更加苛刻的合作条款,外国投资者要么接受,要么退出。

构建相对稳定的资源国合作政策机制和变更后的协商机制、法律仲裁机制,于油气合作项目而言,往往是事半功倍的。

第四类:资源国大选、政府更迭导致的"政局安全"风险。近一年来,由于资源国(东道国)总统总理大选发生领导人更迭,而导致"一带一路"重大合作项目搁浅或停工的不在少数。最为典型的就是马来西亚。马来西亚老总理马哈蒂尔在2018年的大选中击败前任总理纳吉布而再次上台后，立即叫停了由中国企业投资承建的"马新高铁"（马来西亚至新加坡）等重大项目。

而数年前由于缅甸民主化进程加速、缅甸领导人更迭等因素导致的中国企业在缅甸投资的"密松水电站项目""莱比塘铜矿"等重大能源矿产项目遭遇停工或搁置的事件尚历历在目。

执政理念不一的反对党或西方势力扶持的领导人上台，往往是中国公司在当地投资或承包的重大工程项目的"滑铁卢"。2019年"一带一路"地区的印度尼西亚、泰国等国家将举行选举，马来西亚局势可能出现较大变化，东南亚或将面临近年来较大一次变局。应对此类风险的一个有效办法是"联合投资""报团取暖"，充分吸纳西方大型跨国公司、本地有实力的公司成为项目合作伙伴，共担风险、共享收益。

第五类：资源国极端势力和暴力恐怖袭击引发的"人身安全"风险。这类"安全"风险是普遍意义上的安全风险，也是最为典型的安全风险。"一带一路"沿线大多为伊斯兰国家，不能否认的是，伊斯兰极端势力或原教旨主义思潮往往是暴力恐怖袭击的始作俑者。

"一带一路"沿线的中东诸国和南亚诸国，如阿富汗、巴基斯坦、塔吉克斯坦、吉尔吉斯斯坦等，是恐怖主义的策源地和集中爆发地。而"一带一路"的油气合作项目，多集中在中东、中亚和南亚的上述国家中。另外，尽管伊斯兰国（ISIS）作为一种整体的势力已经不复存在，但其"化整为零"而带来的独狼式袭击在"一带一路"地区一些重点资源国却不容小觑。

应对此类风险，一方面是做好安全守护、重要安全信息情报的准确获取和提前预判，但更为重要的一方面是，与资源国当地搞好关系，将项目自身融入当地人民、当地部族的"汪洋大海",利用"人民的力量"保护项目和项目人员。依靠当地力量取得安全守卫胜利的案例在巴基斯坦、安哥拉、伊拉克的油气项目中曾有充分体现。

第六类:美欧发达高端市场因难以有效处理劳工、环保、原住民、法律合规等问题而产生的"社会安全"风险。并不是说,亚非拉等发展中资源国不存在类似问题,而是上述问题在发达国家市场更为显著。此类风险也称为"非技术风险",技术风险往往可以通过企业的能力解决,而"非技术风险"是社会性的,具有更大的"外部性"。

此类风险为什么在发达市场更为明显?因为发达国家往往是"大社会、小政府"的治理模式,社区、社群乃至个人的力量都很大。而且,发达国家在环保和劳工问题上的高标准,在原住民问题处理上的复杂性,以及在合规、透明管理上的高要求,无疑比发展中国家要严格得多。这就使得中国企业在"一带一路"地区的发达国家从事投资与运营时,总觉得"不爽""不舒服"。

对此类风险的管控没有其他更好的办法,只能做到以下几点:一是多积累、多学习,找到与当地社会打交道的方式方法;二是参考世界一流同行的最佳实践,把自己变成一流的企业,赢得当地尊重;三是未雨绸缪、做足应对预案,并做好为处理"非技术风险"(包括项目拖工期)买单的准备。

"一带一路"倡议和项目合作需要"飞得更高",但更需要"平安落地"。回望过去五年多"一带一路"倡议的提出及演进,真正兜底的是"一带一路"范围内重大项目的安全平稳运行。

说到底,"一带一路"倡议是"宏伟叙事",是中国加入全球化潮流、改革发展40多年后,为反哺这个世界而提供的"中国方案"。"一带一路"根植于历史、但面向未来、源自中国、但属于世界。

法则十

做好自己

做好自己,就是提升自身的国际化经营管理能力,只有做好自己、练就一身真本领、硬功夫,才能在"寒冬"或"逆流"突然来临时撑得住、活下去。高超的国际化经营管理能力体现在多因素、多维度上,但彰显自身比较优势、做足长板更加重要。

大力推动"一带一路"油气合作走实走深、行稳致远

(2018年7月23日)

自2013年习近平主席提出"一带一路"倡议五年来，中国石油全面落实中央重大战略部署，围绕政策沟通、设施联通、贸易畅通、资金融通、民心相通的"五通"目标，秉承共商、共建、共享的"三共"原则，充分发挥业已形成的先发优势，突出大型油气项目合作与运营，积极推动能源战略通道建设，持续完善贸易营销网络，加快推进能源与金融一体化，持之以恒增进民心相通，努力成为"一带一路"沿线国家能源资源开发的优选合作伙伴，打造"一带一路"建设的重要支点。

五年来，油气合作的政策沟通取得新成果。过去五年，中国石油以油气合作项目为载体，强化与"一带一路"沿线东道国政府、合作伙伴等利益相关者的政策沟通，与一些国家石油公司和跨国石油公司确立了战略合作关系，形成了与战略合作伙伴间多领域、多层级的定期沟通协调机制；推动了与俄罗斯、阿联酋、莫桑比克等沿线十几个国家一批重要合作协议、重点合作项目和重大

标志性工程的签署、获取和建成投运。2018年通过政府高层推动,中哈在上合组织峰会期间签署了《中国石油天然气集团有限公司与哈萨克斯坦能源部关于石油合同延期及深化油气领域合作的协议》,实现了数个千万吨级油气合作项目延期。此外,中国石油还积极在中亚D线、中俄东线等境外项目中推广应用国内先进技术和标准,并推动与沿线东道国及主要合作伙伴的技术和标准互认。2017年以来先后与俄罗斯天然气工业公司签署了《标准及合格评定结果互认合作协议》及补充协议,为双方未来推动标准互认奠定了基础。

　　五年来,油气合作的设施联通实现新突破。构筑和持续完善横跨我国西北的中亚天然气管道、中哈原油管道,东北的中俄原油和天然气管道,西南方向的中缅油气管道和东部海上的四大油气战略通道。截至2017年底,沿"一带一路"跨境油气管道原油输送能力6300万吨/年、天然气输送能力602亿立方米/年,分别占中国石油海外油气输送能力的53%和86%。

　　五年来,油气合作的贸易畅通取得新成效。截至目前,中国石油已在"一带一路"地区建成亚洲运营中心和欧洲油气运营中心。2017年油气贸易量达2.3亿吨油当量,占中国石油贸易总量的49%,其中进口原油5658万吨,天然气和LNG568亿立方米,分别占我国进口总量的14.2%和61%。

　　五年来,油气合作的资金融通促进新合作。中国石油与亚投行和丝路基金等金融平台,以及国内外银行建立了紧密的合作关系,获得了多家银行融资授信额度,先后完成了俄罗斯亚马尔LNG项目融资,哈萨克斯坦PK项目贷款置换等多个大型融资项目,有力推进了人民币的国际化。

　　五年来,油气合作的民心相通树立新形象。中国石油海外业务在"一带一路"地区企业社会责任履行上累计投入超过3亿美元,支持建设医院、学校等民生设施,带动当地就业超过10万人,石油合作项目惠及当地人口超过300万人,员工本地化率已超过85%,树立了良好的品牌形象,取得了非常显著的社会效益。

总的来看,"一带一路"已成为中国石油海外核心油气合作区,是跨国油气战略通道的资源保障区和优势产能合作的主要市场。

中国石油海外油气合作,特别是推进"一带一路"建设的成功实践,使我们深切感受到:党中央、国务院的正确领导和亲切关怀是根本保证,互利共赢、合作发展是基本原则,推动天然气产业在"一带一路"地区互联互通是重要抓手,推进管理创新是成功关键,强化海外党建和风险防控是可靠保障,构建和谐互信环境是重要支撑。

综合判断,当前及未来一个时期,"一带一路"沿线国家和地区的发展潜力和上升势头没有改变,油气作为全球能源消费主体的地位没有改变,中国与沿线国家和地区在资源与市场、资金与技术等方面的互补格局没有改变。中国石油与"一带一路"沿线国家和地区深化拓展油气合作,仍然处于重要的战略机遇期。同时,"一带一路"地区油气合作的风险持续高企。外部而言,地缘政治、社会安全、政局变化、金融动荡等投资环境更加错综复杂。内部而言,中国石油的国际化经营水平、员工队伍的国际化专业化素养,以及驾驭复杂多变情况的能力需要持续提升。

下一阶段,中国石油将坚决贯彻落实习近平主席提出的"坚持共商、共建、共享原则,推动'一带一路'建设走实走深、行稳致远"的指示精神,充分发挥在"一带一路"油气合作中取得的先发优势,进一步深化国际油气合作,做强做优油气投资和国际贸易业务,全面带动工程技术、工程建设和装备制造"走出去",打造"一带一路"油气合作转型升级版,使油气合作成为我国"一带一路"建设的重要支点。具体做法如下:

一是坚持效益为先、发挥优势。以经济效益为核心，统筹兼顾，发挥公司一体化和文化优势，搭建"一带一路"范围内的高效联动合作机制。二是互利共赢、开放包容。在追求公司利益的同时兼顾东道国和合作伙伴的合理关切，注重维护合作各方的共同利益，谋求共同发展。三是市场运作、合规经营。坚持按市场规则和国际惯例规范运作，走国际化和本地化经营发展道路，树立良好的国际一流能源公司品牌形象。四是创新驱动、持续发展。大力推进技术、制度和管理等方面的创新，持续提高业务竞争力和国际化经营水平，保持优势，稳健发展。

"一带一路"建设1.0版本尚未有，何来2.0

（2017年3月31日）

"一带一路"倡议提出三年多来，在中央和国家部门、地方省市、企业、研究机构和智库，以及众多媒体的推动下，已迅速成为举世瞩目的中国对外开放重大举措。2015年初，国家层面出台了《推动共建丝绸之路经济带和21世纪海上丝绸之路的愿景与行动》。

更有不少学者和智库提出，"一带一路"倡议的1.0版本已经有了。随着该倡议变成"全球共识"，且有可能得到美国的认可和参与，"一带一路"倡议2.0版本俨然已经有了！就在今天（3月31日），人民网发布一条消息："一带一路"由多国倡议变为全球共识，迎接2.0版时代。具体情况是，3月28日，"一带一路"百人论坛研究院编写、商务印书馆出版的《"一带一路"年度报告（2017）》在京发布。作为报告的特别推荐部分，北京大学全球互联互通研究中心课题组报告"迎接'一带一路'的2.0版时代（2016—2017）"指出，2016年，"一带一路"由中国倡议演变为全球共识，"五通"建设取得重大进

"一带一路"
Belt and Road Initiative 中国油气与世界

展。"一带一路"2.0版本已经来临，中国宜向特朗普发出积极信号，欢迎美国参与"一带一路"建设，推动世界和地区经济发展。这还不是最早提出"一带一路"2.0版本的，记得去年底今年初，就有数位"中国高端智库"的学者大张旗鼓宣扬"一带一路"2.0版本。

国家对"一带一路"倡议是这样定位的："一带一路"倡议是我国扩大对外开放的重大战略举措和经济外交的顶层设计。既然是顶层设计，怎么也得实施十年以上甚至更长时间吧！我国自1978年改革开放以来，一直提倡的是"坚持改革开放不动摇"，从未听说过改革开放1.0版本或2.0版本。诚然，改革开放在不同时期、不同历史阶段肯定有不同含义。当前，"一带一路"倡议已经成为我国改革开放的重要组成部分，甚至是核心内容，但国家依然以"改革开放"统称，并一以贯之落实执行，从未区分1.0版本和2.0版本。出来一个"改革开放"2.0版本，反而要贻笑大方了。

现在，诸多学者和机构弄出一个"一带一路"2.0版本，在我看来，显得不伦不类。记得吴敬琏先生去年曾经对中国经济学界的"造词"现象提出过批评。作为一名来自企业一线的人员，一名长期从事中国企业跨国经营战略研究与管理的人员，一名近五年来一直参与我国与周边国家（即"一带一路"地区）石油与天然气国际合作的人员，再次呼吁，不要再对"一带一路"倡议进行"造词运动"了，"'一带一路'倡议"（对应英文Belt and Road Initiative）就应是一个专有名词，没有什么1.0版本与2.0版本，至少目前不应该有2.0版本。

要知道，"一带一路"倡议刚刚提出三年多一点的时间，观察该倡议的演进，可以看出，2014年和2015年是"倡议"的外交动员和各层面的宣贯时期，尚未在重特大项目上进行合作；2016年以来，才陆续有一些该倡议框架下的大型经济合作项目,如印度尼西亚雅万高铁项目、中俄天然气管道东线项目、巴基斯坦瓜达尔港建设项目等,涉及基础设施、能源资源、经贸产业合作等方面,但还谈不上有实质性的成果。何谓实质性成果?就是项目开工了、建成了、运营了、赚钱了、给母国(中国)和目的国("一带一路"沿线国家)带来实惠了。如果没有成型的顶层设计和实实在在的成果,何以称作1.0版本。

让人欣慰的是,一些砥砺前行的中国企业,如中国交通建设集团、中建集团、中国石油、华为公司等,过去十多年来一直在"一带一路"沿线国家从事投资、工程承包等跨国经营活动,只不过那时不叫"一带一路"沿线国家,而是中亚俄罗斯地区、中东地区、亚太地区而已。以中国石油为例,自1997年进入哈萨克斯坦参与阿克纠宾大型油气田投资与运营管理以来,在"一带一路"地区从事油气合作已整整二十年,"一带一路"地区的油气业务规模已占中国石油全球业务总量的75%以上,而效益占比更高,"一带一路"地区已成为中国石油最成熟的海外核心产量中心、利润中心。中国交通建设集团、中建集团、华为公司等企业在"一带一路"地区的业绩也很突出。如果说有"2.0"版本,这些企业在"一带一路"地区未来的业务发展也许才配得上称"升级版"或2.0版。

归根结底,"一带一路"是干出来的,而不是喊出来的。

东北亚天然气管道论坛：
理想很丰满，现实很骨感

（2017年8月31日）

2017年8月24日，在俄罗斯莫斯科参加了为期一天的"东北亚天然气与管道论坛执行委员会会议"。深切感受到该论坛举办的初衷与现实效果之间的差距是如此之大。

东北亚天然气与管道论坛（Northeast Asia Gas & Pipeline Forum，NAGPF）成立于1995年，最初由日本钢铁协会（目的是筹划向待建的管道项目提供钢管）倡议，是一个由俄、中、日、韩四方参与的带有行业协会和企业性质的国际性论坛，后来蒙古国申请加入，变成了五方论坛。该论坛一般每两年举办一次，在五个国家轮流举办。论坛执行委员会会议每年举办一次，一般在举办下届论坛的国家召开，主要商讨下届论坛的会议主题和会议内容等事项。

长期以来，东北亚地区的天然气市场呈割据状态，"亚洲溢价"持续存在。而中日韩目前均是全球天然气消费和进口大国，打造一个相对统一的天然气买方市场，提升买方的议价能力，并进一步构建买卖双方的协调机制，是

NAGPF的使命和目的所在。这方面，日本人更精明、更具战略眼光，是他们首先发起倡议成立NAGPF。当然，20世纪90年代和21世纪初，日本是全球首屈一指的天然气进口大国，在东北亚地区天然气市场的影响力要超过中国和韩国。长期以来，与东北亚天然气交易挂钩的JCC价格实际上是日本市场的价格（日本原油综合指数JCC）。

2017年本应召开第15届NAGPF（第13届、14届分别在中国成都和韩国首尔召开），俄罗斯承办。但由于俄罗斯的原因未能如期举办，只得延迟一年。24日的执行委员会会议，内容主要就是商讨2018年论坛如何召开，同时四方代表（蒙方已连续两年未派代表参加会议，原因不详）分别在会上就本国天然气市场和国际能源与油气行业形势进行分析。

会议主持人亚历山大先生解释了论坛为何要推迟一年召开。一方面俄方主席去世，导致俄方群龙无首，缺乏相应的协调能力和资源动用能力，导致会议的地点、费用预算等至今没有落实；另一方面，俄方大谈特谈地缘政治的挑战，特朗普上台后俄美关系持续紧张恶化，东北亚地区由于朝鲜导致形势紧张云云，论坛召开的外部环境变差，不得不推迟。

俄方建议明年NAGPF论坛放在伊尔库斯克举行。随后，各方代表发表了各自的看法，提出一系列问题，总的还是希望俄方全力筹办好2018年的论坛，至于会议地点，希望还是选在莫斯科、圣彼得堡等大家都方便的城市。俄方希望大家群策群力办好明年的论坛，特别希望中方（中国石油）出面协调，利用中国石油与俄罗斯最大的天然气企业——俄罗斯天然气工业股份公司（Gazprom）的长期合作关系，说服Gazprom支持该论坛的举办并在资金上给予赞助和支持。会议的后半部分主要是各方专家围绕本国和国际天然气市场发言和研讨。

作为"旁观者"的我参加此次执行委员会会议，感到会议的组织比较松散。回顾以往几届NEGPF所达成的倡议，与NEGPF使命目标仍有很大差距，有点"理想很丰满，现实很骨感"的味道。NAGPF当前面临的形势比较尴尬，原因何在？

第一，俄方"不积极"是导致NAGPF推迟召开的主要原因。就拿此次执行委员会会议来说，俄方参会人士大多是大学教授、研究院和个别油气公司的代表，而且是已经退休的人士，主持人亚历山大就刚刚从俄罗斯天然气工业股份公司（Gazprom）退休。相比而言，日方是田中伸男（国际能源署前署长）领衔的8人团队，田中伸男无论在日本还是国际能源界都拥有较强的影响力；韩方是KOGAS（韩国天然气公司）的副总裁级代表参加；中方也派出了国家高端智库负责人（中国石油经济技术研究院院长）领衔的团队参会。由此可以看出，俄方对于此会的确有点"三心二意"。究其原因，有两点不可忽视：一是俄方作为五方里面唯一的资源供应方（卖方），其实是不希望其他四方达成相对一致的买方同盟关系的，因为这样一来，俄罗斯的战略主动和议价能力就会大大降低。俄方希望以"双边"而非"多边"的形式来与东北亚各消费进口大国打交道。二是Gazprom作为俄罗斯乃至全球最大的天然气企业，希望直接与中国石油、KOGAS这样的战略买家打交道，而不需要NAGPF这样的"中间环节"。Gazprom每年十月左右均会举办一个大型的国际天然气论坛，所讨论的主题基本上与NAGPF差不多。因此，Gazprom支持NAGPF的动力明显不足。作为一个具有行业协会性质的国际论坛，政府不重视、企业不买账使得NAGPF的地位不尴不尬。

第二，各方的价值取向和战略需求迥异，是NAGPF难以推动形成实质性成果的主因。众所周知，东北亚地区是全球地缘政治和安全局势最不确定、面临最高潜在风险的地区之一。历史上，中日、中韩、日俄、中俄关系均有过摩擦和不愉快的历史。这也是NAGPF虽已经过20多年的发展，但到目前为止作用发挥依然十分有限的主要原因。东北亚地区中日韩三方的天然气市场一体化进程任重道远，中日韩俄蒙五方就更难协调了。在可预见的未来，NAGPF尚不具备形成类似北美自由贸易区（NAFTA）或欧盟那样的一体化的市场体系的条件，甚至连打造出东南亚国家联盟那样的次级市场体系的难度都很大。当前及今后一个时期，是东北亚地区矛盾和冲突频发的敏感时期，各方之间的能源与经贸合作较大程度上要受到政治气候的掣肘。

需要强调的是，一直以来，中国在支持和参与NAGPF上的力度较大，承办NAGPF的水平、层次和效果也是最好的。中日韩三国的天然气企业界和行业协会是希望在东北亚形成相对统一的、一体化市场体系的。但在构建未来这个市场体系过程中，中日之间如何协调和平衡是一个难点。

第三，新时期新阶段，NAGPF亟需充实新主题新内容。此次执行委员会会议，有代表认为，NAGPF现在面临的外部形势与10年前迥然不同。10年前，或者5年前，东北亚地区与俄罗斯之间的合作主题、合作热点是跨境石油天然气管道谈判和建设。那一时期，东北亚及俄罗斯地区的跨境天然气管网基础设施尚不成熟，天然气管道设计、建设和运营自然而然成为NAGPF的讨论重点。而现在，这一地区大型跨境天然气项目已经完工或接近完工，尘埃基本落定，各方一下子找不到共同感兴趣的话题了，导致NAGPF面临尴尬局面。实际上，NAGPF可以在天然气价值链的扩展上做点文章。比如，各方可以在天然气利用、城市燃气、天然气化工、行业标准对接等方面进行有效的沟通探讨；除了管道气，关注重点还可拓展到LNG领域，如何推进东北亚地区LNG市场获得相对稳定和廉价的供应等。NAGPF还可以为政府和企业提供有价值的、有预见性的咨询建议报告和业务发展建议报告。

那么，NAGPF还有无存在的必要？答案是肯定的，NAGPF还得继续办下去。毕竟，各方需要一个平台进行交流和表达诉求，需要对一些长远性的、战略性的问题提前交换意见。但必须对NAGPF重新进行定位，寻求新的方向和着力点。比如，可以将NFGPF和中国的"一带一路"倡议和俄罗斯提出的"欧亚经济联盟"相结合，多在"政策沟通""贸易畅通"和"民心相通"上下功夫。

东北亚地区天然气与管道互联互通依然任重道远

（2018年10月7日）

由俄罗斯、中国、日本和韩国业内人士和相关专家参加的第15届东北亚天然气与管道国际论坛（NAGPF，Northeast Asian Natural Gas and Pipeline Forum）于10月4至5日在圣彼得堡召开。本届论坛由俄方承办，本届论坛的一大特色是俄方将其纳入了每年一度的"圣彼得堡国际天然气大会"，后者是由俄罗斯乃至全球最大的天然气企业——俄罗斯天然气工业股份公司主导的、有较大影响力的年度大型国际天然气会议，这就使得本届NAGPF站到了一个更高的平台上。

本届NAGPF的召开离上届（第14届论坛于2015年在韩国召开）已有三年时间，中俄日韩四方人士对此期盼已久。过去三年，东北亚地区的周边大环境也发生了重大改变，比如，朝鲜半岛局势"戏剧性"地缓和，中日关系走出"低谷"开始回暖，国际油价企稳回升，中美关系趋紧等。这些都对东北亚地区天然气开发利用与合作有着巨大的影响。而且，东北亚天然气市场与消费是全球最具活力和增长潜力的地区，预计未来10~15年，全球天然气及LNG消费增长量的50%左右将在东北亚地区，这使得与会人士对本届NAGPF有着更大的期许。

NAGPF一开始是由日本业内人士发起的，主要是由日、中、俄、韩四方参加的企业间对话和研讨的平台，带有一定的区域性国际天然气治理和智库特点的非政府对话平台，有点类似于"二轨外交"❶。2018年的NAGPF已是第15届，1995年至2001年期间是每年召开一次，2001年之后每两至三年召开一次，基本上是日本、中国、韩国和俄罗斯四国轮流举办。蒙古国自2010年之后也曾参与进来，并于2011年在乌兰巴托承办了第12届NAGPF，但由于蒙古国油气业务规模过小，加之其国内机构设置调整，蒙古国未能继续参加后续的论坛。

本届NAGPF讨论的议题主要包括：东北亚地区天然气市场现状及未来5年展望，东北亚地区天然气开发利用与管道运输国际合作面临的主要问题，东北亚地区的天然气管道项目（现有项目、未来项目），东北亚地区的LNG项目（现有项目、未来项目），天然气开发利用的新技术、新趋势、新项目（侧重于下游领域）等。议题可谓非常丰富，涉及俄罗斯与东北亚地区天然气上、中、下游产业链的方方面面。

会议内容虽然比较丰富，但与会代表研讨和对话依然不够充分。共有35位专家或代表从不同角度发言。但让人感到失望的是，专家们主要还是围绕本国的天然气产业和市场进行分析，大多带有"信息通报"的意味，触及天然气地缘政治、天然气多双边合作、东北亚天然气合作面临的挑战和机遇等的发言较少，似乎均不愿谈及俄罗斯与中日韩在天然气合作中的敏感性问题，更不愿意

---

❶ "二轨外交"是一种特殊的非官方外交，相对于政府间的"第一轨外交"，通常是透过学者、退休官员的交流，以民间形式进行，由于方式较灵活、广泛，常可起到官方渠道难以起到的作用。

触及国与国之间的博弈与竞争话题。

的确,中日韩之间的"三角关系"剪不断理还乱,中日韩之间尚未形成一个类似自由贸易区的经济共同体,俄罗斯与中日韩之间的合作迄今为止也是以双边合作为主,比如中俄原油管道项目、中俄天然气东线管道项目、俄罗斯萨哈林2项目LNG出口日本等,均属于双边合作。NAGPF已有超过20年的历史,时间不短,但截至目前尚未推动形成一项四个国家共同参与的天然气与管道项目,这不能不说是NAGPF的悲哀,但也充分说明这一地区在油气互联互通体系构建上难度之大。

要知道,在东北亚构建天然气与管道互联互通体系是NAGPF的初衷,而且自"一带一路"倡议提出后,中国政府与企业界更加重视互联互通,视互联互通为"一带一路"倡议的生命和本质内涵。即便这样,俄中日韩四国之间的天然气互联互通依然任重道远。

借鉴本届论坛发言嘉宾的观点,这里对俄中日韩四国(未来可能还会包括蒙古、朝鲜以及中国台湾等国家和地区)构建天然气与管道互联互通体系面临的挑战和机遇做一简要梳理。

总体而言,面临的挑战主要有:一是在天然气及LNG长贸合同签订和后续采购上缺乏协同,且缺乏"有效采购"(言下之意,即便是长贸合同,很多也是亏本的,于企业而言是亏损的),这导致天然气的"亚洲溢价"现象长期存在,直到现在仍没有找到解决途径。二是针对短期天然气需求波动的应对乏力,四国缺乏沟通和协调。短期天然气需求波动在中日韩都有不同程度的存在,比如,中国2017年冬季因极寒天气和天然气短供造成的"气荒";日本在重新恢复核电过程中一旦出现问题将导致天然气需求的突发性增长;韩国第13次能源规划在天然气发电方面明显比第12次激进,这也将导致天然气需求的不确定性大增。三是东北亚地区具有竞争力的、相对统一的天然气及LNG长协定价机制尚未建立。目前，从卡塔尔、澳大利亚、印度尼西亚、马来西亚等地出口到中日韩的LNG长协定价机制基本上是与布伦特油价挂钩的，各自都有设定的价格公式，基本上都是买卖双方通过谈判确定。而且这种与油价挂钩的天然气定价机制在高油价时期相应推高了天然气价格，增加了东北亚国家的采购成本，亟待推出一种充分体现市场供需关系、类似北美地区"成本加成法"的定价机制。四是东北亚地区缺乏相对完善的跨境天然气管网体系。正因为体现互联互通特点的跨多个国家的天然气管网体系在东北亚地区构建不起来，该地区相对统一的天然气及LNG定价机制才建立不起来。

虽然面临这样或那样的问题，但俄中日韩天然气与管道合作体系的构建依然有一些立足点和着眼点。比如，在推动提升大型LNG采购项目合同条款的灵活性上进行合作，防止产生过高的亚洲溢价。这方面韩国天然气公司（KOGAS）、日本能源（JERA）和中国海油（CNOOC）已开展了深入交流。再如，在共同勘探开发和利用海外天然气资源上，东北亚三国的企业可以进行深度合作。这是目前最为现实可行的加强合作的方式之一，无论是中亚俄罗斯地区还是中东地区的天然气上游项目开发建设，中日韩三国的油气企业都可以按照国际惯例组成联合体进行投资和运营。又如，在开发新的定价机制和价格指数上进行合作，这种合作的重要性不言而喻，但正如上文提到的，合作的难度也最大。

另外，在涉及天然气与管道合作项目上，本届论坛重点讨论了两个新项目：一是从俄罗斯萨哈林岛到日本的天然气管道项目，看得出，与会的日方代表，特别是曾担任过IEA（国际能源署）秘书长的田中伸男先生一直大力推动该项目。他认为，该项目的经济性要好于将萨哈林的天然气以LNG的形式运到日本的方式（目前正在采用的方式），但也有专家对此提出了质疑。二是随着朝鲜半岛局势的缓和，专家和与会代表对俄罗斯的天然气过境朝鲜到韩国的管道建设项目表示出很大兴趣，但韩国的代表对此明显表现不积极，他们认为"也许要等到朝鲜半岛完全无核化后才会考虑该项目"。

从NAGPF遭遇的困境和尴尬可以看出，跨境天然气输送及天然气管道建设运营是最具能源地缘政治特征的一项商业合作活动。半个多世纪以来，无论是俄罗斯通往欧洲的天然气运输与贸易，还是俄罗斯与东北亚地区的油气合作，以及中亚地区与中国的天然气合作与运输贸易等，无不具有强烈的地缘政治色彩。事实上，这些跨国油气管网和运输贸易体系的建成和运营确实改变了东道国、过境国及消费国等利益相关方的地缘政治态势。这也是一谈到国际天然气与管道合作就引起相关国家和人士高度关注的重要原因。

不管怎样，东北亚地区天然气与管道互联互通体系的构建有利于推动本地区经济一体化进程，有利于解决长期以来的亚洲溢价难题，也有利于增进本地区各方的互信。

"一带一路"石油地缘政治热点问题分析

"一带一路"地区既是全球油气最为丰富的聚集地,也是全球石油地缘政治博弈与大国争夺的重点地区。资源的丰富程度和地理位置的重要程度决定了这一地区常常成为矛盾、冲突甚至战争爆发的焦点和热点。本部分针对当前及今后一个时期"一带一路"重点东道国(侧重于中东地区)发生的地缘政治热点和当地政局走向等问题从不同角度再做一些分析。

沙特阿拉伯国王"突访"俄罗斯为哪般

（2017年10月8日）

这几天，全球政经的重磅新闻莫过于沙特阿拉伯国王萨勒曼10月5日"突然"造访俄罗斯了。看上去弱不禁风、病恹恹的萨勒曼国王再一次让世界人民大大的惊讶。

要知道，沙特阿拉伯和俄罗斯素来不和，虽谈不上是敌对关系，但本着"敌人的敌人是朋友"这一国际关系原则，作为美国的战略盟友，沙特阿拉伯长期以来是绑在美国这架战车上的，自然不受俄罗斯的待见。特别是1979年苏联入侵阿富汗以后，双方关系一度紧张，曾出现"半敌对"状态。20世纪80年代初，为了把散落在阿富汗抗击苏联的伊斯兰圣战者（学界称为"阿富汗阿拉伯人"）有效组织起来，当时美国中央情报局和沙特阿拉伯商量，希望沙特阿拉伯派一名王室成员亲往阿富汗坐镇组织和协调，但长期在"温室"环境下长大的王室成员无一人愿意前往。这种情况下，来自沙特阿拉伯的贵族奥萨马·本·拉登自告奋勇上场了。后面的故事相信大家都知道。

2017年以来,萨勒曼用了不到十个月的时间陆续与中美俄三个全球性大国的元首会面,并亲自登门造访中俄,3月萨勒曼访问北京的场景还历历在目;萨勒曼通过前期运作,5月顺利实现美国总统特朗普到访,沙特阿拉伯也成为美国新科总统首个造访的国家,其战略意义不言而喻。这么短时间内"玩转"中美俄三个大国,这在沙特阿拉伯历史上、在历任沙特阿拉伯国王当中是绝无仅有的。再加上萨勒曼接连在中东策划导演了"围剿卡塔尔""废王储""与伊朗互怼"等大戏,真的让全世界人民对他刮目相看。

到底是什么原因,使得萨勒曼放下高贵的架子,亲往俄罗斯拜会普京总统?这里,采用"表层—中层—深层"的分析框架,说一说萨勒曼国王造访俄罗斯这件事。

(1)表层原因。除了石油还是石油,沙特阿拉伯和俄罗斯作为欧佩克(OPEC)和非欧佩克群体里最大的油气生产国,面对国际油价一度接近60美元/桶的"好光景",两国元首有必要坐下来面对面磋商,形成"联手稳定全球石油市场"的长效机制。2014年国际油价断崖式下跌,不言而喻,遭受巨大损失、面临巨大经济压力的是全球各重点油气生产国,沙特阿拉伯、俄罗斯作为全球第一、第二大产油国,石油出口创汇几近下降50%,国家经济状况和财政收支急剧恶化。面对超低油价和低景气周期困境,明智的办法是抱团取暖,联手合作应对石油市场的"寒冬"。

2016年以来,欧佩克和非欧佩克国家的能源部长们(说白了就是沙特阿拉伯和俄罗斯的石油部长,这两个国家贡献了全球石油产量的四分之一),罕见地坐在一起,商讨共同干预全球日益低迷的油气市场。2016年12月10日是个"历史性"时刻,双方达成减产协议,共同削减石油产量180万桶/日(其中欧佩克120万桶/日,非欧佩克60万桶/日),这是自2001年以来双方第一个全球减产协议。随后，布伦特油价应声大涨17%。2017年3月，双方决定将协议有效期再延长六个月。如今，国际油价缓慢回升到近60美元/桶的"高位"，沙特阿拉伯和俄罗斯面临的形势一片大好。如何进一步巩固"胜利成果"？两国元首没有理由不坐在一起，商讨进一步联手稳定市场和价格的长效机制。

萨勒曼此次到访俄罗斯，石油是个绕不过去的议题，也是最摆得上台面、最冠冕堂皇的主题。两国在油气领域达成多个共识，签订了一系列协议：一是有望将减产协议进一步延长至2018年3月，并视情况继续延至2018年底；二是沙特阿拉伯的公共投资基金（PIF）、沙特阿美石油公司，以及俄罗斯直接投资基金（RDIF）共同发起成立一个10亿美元的能源投资基金，另外，PIF和RDIF还同意共同成立一个10亿美元的高科技投资基金；三是据CNN报道，双方还商议如何加强协同，共享中国这一全球最大的石油出口市场，避免竞争。

（2）中层原因。中东新的地缘政治格局使得沙特阿拉伯面临新形势、新问题、新挑战，需要萨勒曼亲往俄罗斯，探探普京总统的口风，力争在最大范围、诸多焦点问题上取得俄罗斯的认可。我们知道，2001年、2003年美国相继发动的阿富汗和伊拉克战争客观上为沙特阿拉伯的宿敌——伊朗清除了东西两侧的敌人（逊尼派的塔利班政权和萨达姆政权），极大地改善了伊朗的地缘政治环境，伊朗的崛起由此更加顺利。作为什叶派的领头羊，伊朗近几年掌控"什叶派新月地带"（伊朗、伊拉克、叙利亚、黎巴嫩）更加得心应手了，贝鲁特、大马士革、巴格达和德黑兰更加紧密地联系在一起了，伊朗初步具备了中东地区头号强国的"命相"。

对于这一切，作为2011年"阿拉伯之春"后扛起阿拉伯国家大旗、逊尼派领头羊的沙特阿拉伯，看在眼里、急在心里。本来，对于逊尼派伊斯兰国（ISIS）在中东地区的猖狂，沙特阿拉伯基本上是采取"睁只眼闭只眼"的鸵鸟政策,反正,ISIS做大相当于给逊尼派势力添砖加瓦,有利于抗击伊朗这个千年的冤家。然而,2016年以来,随着美俄联手空中打击ISIS力度突然增大,ISIS作鸟兽散。再加上叙利亚战事已接近尾声,局势正向好的方向转化。后ISIS、后叙利亚内战时期已经来临。面对地缘政治局势的突变,以及敌我实力情况的转换,沙特阿拉伯显然没有做好足够准备。

再加上沙特阿拉伯领衔导演的"卡塔尔断交风波"由于卡塔尔这位"小兄弟"迟迟不服软,搞得沙特阿拉伯有点骑虎难下;伊拉克库尔德地区独立公投促使伊拉克、伊朗、土耳其、叙利亚开始紧密联手,为了阻止库尔德人独立这一共同目标而走到了一起。土耳其作为本地区大国和全球地缘政治上的"棋手",和伊朗更加靠近,这是沙特阿拉伯所不愿意看到的。如果这时候俄罗斯为了自身在中东的战略利益,做出一些推波助澜或变相支持敌对阵营的举动,那么沙特阿拉伯面临的被动局面将更加险恶。

为此,萨勒曼必须放下架子,去俄罗斯造访普京。谈不拢也不要紧,真心诚意得有,能谈成多少算多少。

(3)深层原因。在王位继承由"兄终弟及"变为"子承父业"的关键敏感时刻,需要俄罗斯这个全球大国的默许和认同,毕竟,俄罗斯是中东地区重量级"玩家。"萨勒曼此次访俄期间,两国达成至少30亿美元军购协议,其中包括S-400防空导弹等先进装备。说实话,与5月特朗普访问沙特阿拉伯时,沙特阿拉伯送上的总计4500亿美元(先期1500亿美元,再加后续十年差不多3000亿美元的武器购买与防务合作)大单相比,30亿美元的军购连零头都算不上。但是,沙特阿拉伯还是做出了姿态,表示愿意与俄罗斯修好,甚至在涉及国家安全的防务上,也愿意让俄罗斯"插下手"。沙特阿拉伯冒着让老东家美国不悦的风险,加强与俄罗斯在敏感领域的合作,充分体现了萨勒曼本人的战略眼光和胸襟。毕竟，一定程度上取得俄罗斯的支持，可以为沙特阿拉伯内政的稳定营造更好的外部环境，虽然俄罗斯不是最关键的因素。

于沙特阿拉伯而言，确保君主制政权的稳定性、世袭性是压倒一切的。影响政权稳定性的关键因素有以下几点：一是确保得到美国的全方位、全天候支持，这是至关重要的，为此，送给美国高达4500亿美元的军购大蛋糕也是值得的；二是极尽所能消除国内反对力量，特别是什叶派势力；三是防范王室内部可能产生的内讧（一直以来，沙特阿拉伯王室内部的斗争异常复杂激烈）；四是采取一切可能的外交手腕，营造有利于自身的周边地缘政治、地缘经济环境，并争取诸如中国、俄罗斯等其他大国的支持。

如今，在自己年迈即将退位（或驾崩时新国王即位）、新王储刚刚上位尚未坐稳的关键时刻，必须确保上述四方面因素不能出现任何风险和闪失。从这个意义上讲，萨勒曼亲自造访俄罗斯是合情合理的外交举动。

鲁哈尼改革之路依然任重道远

（2017年5月25日）

四年一度的伊朗总统大选于5月20日落下帷幕，现任总统鲁哈尼以57%的得票率，击败了主要竞选人、保守派阵营代表人伊布拉欣·莱西，获得了总统选举胜利。此次总统大选4月正式拉开帷幕，约1600人前往伊朗内政部报名参选，但经过伊朗"宪法监督委员会"的审核，最终只有包括鲁哈尼和莱西在内的6人顺利过关，包括前总统内贾德在内的报名者都被"刷"掉了。

鲁哈尼此次成功连任，追平了此前伊朗温和派、改革派总统——哈塔米的纪录，哈塔米于1997至2005年任伊朗总统，那八年是1979年伊斯兰革命以来伊朗少有的相对开放时期。

鲁哈尼此次连任，关键成功要素起码有四点：一是伊朗人民对于未来的理性选择，毕竟，一个相对开放的、经济繁荣的伊朗是伊朗人民"居者有其所、劳者有其业"的根本保障；二是过去四年来，鲁哈尼及其团队用实实在在的业绩赢得了威望，最主要的是与美国和西方于2015年7月达成核问题相关协议——联合全面行动计划（英文缩写"JCPOA"），由此部分解除了对伊朗的制裁，并使得伊朗在随后不到两年的时间吸引了大约500亿美元的外国投资，无疑对伊朗长期低迷的国内经济注入了"强心剂"，极大地改善了民生和就业；三是鲁哈尼拥有一支相当成熟的外交团队，伊朗近年来在中东地区乃至欧亚大陆的地缘政治博弈上居于明显主动地位，特别是在支持伊拉克、叙利亚、也门上纵横捭阖，使得"什叶派新月地带"空前团结，伊朗在中东地区的综合实力明显上升；四是成功取得宗教领袖哈梅内伊的信任，哈梅内伊是伊朗实际上的最高领导人和最终决策者，没有哈梅内伊的认可，鲁哈尼连任是不可能的。

当然，成功连任绝非意味着万事大吉。未来四年，鲁哈尼及其团队要想顺利执政并带领伊朗在复兴之路上继续前行，依然任重道远、面临不少挑战。

一是如何妥善处理伊朗政坛各派错综复杂的关系，使得自己的施政计划较少受到反对派钳制。伊朗特殊的伊斯兰政体反映在其传统价值观的宗教体系与现代民主共和政治体系的混合（伊朗是典型的民选总统，民主政治执行得相当彻底），前者主要由宗教领袖、宪监会和专家会议组成，后者则主要由行政、司法和立法三大部门组成。宗教领袖（伊朗革命卫队）、议会、总统（政府）构成了伊朗政局的"铁三角"，是伊朗最高权力的"三驾马车"，三者相互制衡、相互平衡。当然，宗教领袖的影响力、权威更大，调动、平衡、控制着其他两股力量，处于基本不干政而监政的状态。鲁哈尼及其团队要想顺利实施其开放和发展国内经济的政策，就必须处理好与保守派势力和宗教领袖的关系，谋求它们的认可（至少不反对），而这需要足够的智慧、技巧和耐心。

二是如何在"大棋盘"上处理好和美国的关系、在"小棋盘"上处理好和沙特阿拉伯的关系，这对鲁哈尼而言也是不小的挑战。伊朗要想在中东乱局中"独善其身"，谋求发展，就必须处理好和美国的关系，这是大棋局。而特朗普执政后，已经放话，要对伊朗采取强硬立场。只要伊朗坚持谋求利用核能的立场不松动，美伊关系就可能再次反复或出现矛盾激化。而这必将导致鲁哈尼这样的温和派再度被压制，"雨过天晴"的伊朗政治经济态势和投资环境或将再次"乌云密布"。近年来，以沙特阿拉伯为代表的伊斯兰逊尼派国家和以伊朗为核心的伊斯兰什叶派国家之间的矛盾冲突日益剧烈，叙利亚和也门的内战实际上是两国代理人的战争。目前，沙伊两国均谋求在中东地区的大国地位，彼此对立倾向明显。如何管控好与沙特阿拉伯之间的分歧和风险，谋求在"小棋盘"上的有利地位，避免"擦枪走火"，也是鲁哈尼及其团队今后四年不得不面对的一个重大问题。

三是如何带领伊朗进一步走出被制裁的阴霾，并以油气资源为着力点，吸引更多的外国投资以振兴本国经济。自2016年初JCPOA正式实施以来，伊朗原油出口有明显增加，但外部环境仍无实质性改善。在金融领域，欧美金融和保险企业对伊朗石油贸易与船运业务依然顾虑重重，尚未恢复在伊朗的金融活动，外汇进出、结算、船运保险等仍无法正常开展。而在最关键的油气领域，各方担忧制裁可能反复，加之伊朗的优惠政策和新版油气合同"犹抱琵琶半遮面"，直到现在仍未正式对外发布和实施，导致外国投资者无法树立信心。其背后涉及鲁哈尼如何说服国内的反对派和保守派，新版油气合同久拖不决，对鲁哈尼而言是个大挑战。

四是如何协助宗教领袖哈梅内伊做好国家未来发展方向的顶层设计，使"老人政治"顺利向"新生代"过渡。伊朗的"老人政治"现象非常突出，目前的掌舵者基本上都在70岁以上。现任宗教领袖哈梅内伊今年78岁，鲁哈尼本人也已近古稀之年；另一位伊朗政界大佬、前总统拉夫桑贾尼已于2017年1月去世；只有现任议会会长拉里贾尼属于"少壮派"，但也已经60岁。而伊朗现行的政体是伊朗带领伊斯兰什叶派复兴的前提条件，伊朗的强大于伊斯兰世界而言具有象征意义。如何确保伊朗现行政体的延续性，使其向新生代顺利过渡，鲁哈尼的作用不可替代，但这也是他面临的极大挑战。

展望伊朗今后一个时期的内外政策走向，可归纳为四个"不动摇"：坚持宗教神权领导不动摇，坚持改革开放路线不动摇，坚持和平利用核能权力不动摇，坚持复兴伊斯兰强国不动摇。衷心希望在鲁哈尼的领导下，伊朗继续以开放包容的姿态与世界接轨。

拉夫桑贾尼的离世对伊朗政局及周边地缘政治的"蝴蝶效应"

（2017年1月9日）

号称伊朗政坛常青树的伊朗前总统、前议长——拉夫桑贾尼于当地时间2017年1月8日因心脏病去世，终年82岁。

阿克巴尔·哈什米·拉夫桑贾尼绝对是伊朗政坛的常青树，早年一直追随伊朗前任宗教领袖霍梅尼，并于1979年2月与现任宗教领袖哈梅内伊共同创建伊斯兰共和党，成为该党主要领导人。拉夫桑贾尼20世纪80年代（1980—1988）两度当选伊朗议会议长，20世纪90年代两度当选伊朗总统（1989—1997），足以看出此人在伊朗为各方所认可的程度之高，以及在伊朗政界的极高威信。2007年9月起，拉夫桑贾尼担任伊朗专家会议的主席，直到他去世。

如果用"是否在伊朗自愿使用伊斯兰法律"和"是否在伊朗适度推行市场经济制度"两个维度来衡量伊朗各主要政治领袖和派别，那么毫无疑问，拉夫桑贾尼属于自愿使用伊斯兰法律和倾向于实施市场经济制度的代表人物，他和现任总统鲁哈尼类似，属于"温和派"和"实用主义者"。相比而言，哈梅内伊、前总统内贾德，以及伊朗革命卫队的控制者们则属于典型的集权经济和强制实施伊斯兰法律的代表人物。而前总统哈塔米，以及现任议会会长拉里贾尼则属于偏温和派，常常游走于以上两派之间。

进一步分析伊朗政坛各派错综复杂的关系可以看出，伊朗特殊的伊斯兰政体是反映其传统价值观的宗教体系与反映现代政治潮流的共和体系的混合，前者主要由宗教领袖、宪监会和专家会议组成，后者则主要由行政、司法和立法三大部门组成，总统权力不仅受到议会制衡，还受宗教领袖的制约。之所以2007年以来一直由拉夫桑贾尼担任专家会议主席，主要是出于改善和改革传统宗教体系的考虑。如果对伊朗政治格局再"简化"处理一下，可以发现宗教领袖（伊朗革命卫队）、议会、总统（政府）构成了伊朗政局的"铁三角"，是伊朗最高权力的"三驾马车"，三者处于相互制衡、相互平衡。当然，宗教领袖的影响力、权威更大，调动、平衡、控制着其他两股力量，属于基本不干政而监政的状态。

这意味着，随着拉夫桑贾尼的离世，伊朗温和派、改革派的力量将有所削弱，而保守派、强硬派的力量则相对增强。而这对下一步的美国和伊朗关系、地区地缘政治及伊朗对外油气合作政策的走向均有重大影响。

美伊关系方面，拉夫桑贾尼在伊朗政坛中算是比较亲美的，一直倾向于寻求与美国缓和关系。失去他这位比较亲西方的领袖，一旦美国的重新制裁引起伊朗民众反弹，亲西方的温和派或将再度被压制，刚刚"雨过天晴"的伊朗政治经济态势和投资环境，会重新"乌云密布"。而特朗普已经放话，将对伊朗采取强硬立场。未来，美伊关系可能再次反复，从而引发中东乃至整个欧亚大陆地区新的地缘政治动荡和危机。

地区地缘政治方面，中东地区的地缘政治冲突除了固有的巴以冲突外，近年来，以沙特阿拉伯为代表的伊斯兰逊尼派国家和以伊朗为核心的伊斯兰什叶派国家之间的矛盾冲突日益剧烈，叙利亚和也门的内战就有两国代理人战争的迹象。除了丰富的油气资源，伊朗是伊斯兰世界人口大国，国民素质普遍较高，拥有相对民主的政治体制和门类齐全的工业体系，随着美欧对伊朗的制裁逐步解除，伊朗未来的前景看好。而沙特阿拉伯是全球第一大油气东道国、生产国和出口供应国，也一直是美国的盟友，但人口不到伊朗的三分之一，且君主专制式的政治体制一直为西方所诟病。拉夫桑贾尼的离世或将使伊朗变得更加强硬，导致本已经针锋相对的沙伊关系更加敏感脆弱。大国博弈殃及池鱼，沙伊争霸必将引发该地区此起彼伏的地缘政治风险和灾难。

对外油气合作及相关配套（金融）政策走向方面，自2016年初伊朗与国际社会达成的核问题相关协议（JCPOA）正式实施以来，伊朗原油出口有明显增加，但外部环境仍无实质性改善。一是在金融领域，欧美金融和保险企业对伊石油贸易与船运业务依然顾虑重重，尚未恢复在伊朗的金融活动，外汇进出、结算、船运保险等仍无法正常开展。二是在吸引外资方面，虽然多个外国政府和公司访问了伊朗，但仅达成部分意向性协议，尚未签订正式合同。究其原因，低油价一定程度上影响了国际油公司的投资决策，更为重要的是，各方担忧制裁可能反复，加之伊朗的优惠政策和新版油气合同"犹抱琵琶半遮面"，直到现在仍未正式对外发布和实施，导致外国投资者无法树立信心。而伊朗新版油气合同之所以持续"难产"，背后正是伊朗国内改革派（温和派）和强硬派尚未达成共识。而拉夫桑贾尼的去世必将导致双方博弈的天平向强硬派倾斜，新版合同出台的时间表更加不确定了。即便出台，个中关键条款或将大打折扣，从而导致对外国投资者的吸引力降低。

伊朗一直是地区大国和欧亚"大棋局"上的战略"棋手"，也是中国推动

"一带一路"建设的重点合作对象,是名副其实的"一带一路"节点国家,油气合作和基础设施建设合作的潜力巨大,是中国企业"走出去"的重点海外市场。随着拉夫桑贾尼的离世、现任宗教领袖哈梅内伊年事已高,再加上美国特朗普执政,伊朗投资环境未来的变数增多,不确定性加大。

库尔德"千年建国梦"此次真能实现？

（2017年10月15日）

最近，伊拉克北部库尔德自治区独立公投事件让长期动荡不定的中东更加混乱不堪，该事件已超越持续升温的叙利亚战争、伊斯兰国问题、伊朗和沙特阿拉伯互怼、沙特阿拉伯等"八国联军"围剿卡塔尔，以及美国和伊朗恶语相向等热点，成为全球关注的新焦点。

9月25日，不顾伊拉克中央政府的坚决反对和一再警告，库尔德自治区毅然决然按计划进行了独立公投。27日，自治区主席巴尔扎尼宣布公投计票结果，92.7%的人支持库尔德独立。千年以来，一直谋求建立独立民族国家的库尔德人在2017年9月最后一周的星期三（27日）似乎看到了胜利的曙光。但问题真有这么直接简单吗？

有幸于1999年10月至2002年8月在伊拉克工作过三年，见证过萨达姆·侯赛因统治下的伊拉克，听说过萨达姆在两伊战争期间对库尔德人使用化学武器的残暴行径，对库尔德人的遭遇深表同情。这里，结合中东石油经济和石油政治，谈一谈库尔德"千年建国梦"的缘由及此次独立公投的前景。

第一，库尔德问题由来已久，当前伊拉克库尔德地区独立建国面临"千载难逢"的时间窗口。千年以来，库尔德人谋求独立可谓"长路漫漫"。库尔德是中东最古老的民族之一，是中东地区仅次于阿拉伯、土耳其和波斯民族的第四大民族，总人口约3000万。库尔德人聚居地被称为库尔德斯坦。这一地区原先大部分为奥斯曼帝国所统治，现如今则是由土耳其东南部、伊朗西部、伊拉克北部、叙利亚东北部及高加索部分地区构成的一个狭长弧形地带。然而，库尔德又是世界上唯一一个人口众多，却始终没有获得过自决权的民族。历史上他们从未建立过统一独立的国家，一直处在其他民族的统治之下。所谓"库尔德问题"，实际上就是库尔德这样一个"无国家民族"谋求自治的问题。但因牵扯不同国家、不同教派、不同民族，库尔德问题以复杂性、尖锐性和国际性特点一直是中东地区仅次于阿拉伯国家与以色列之间冲突的第二大热点问题。

1919年，第一次世界大战结束导致战败国奥斯曼帝国的解体，从而形成了如今的中东政治版图。1920年，巴黎和会曾给库尔德人一个承诺，表示允许他们建立一个独立的国家。遗憾的是，当时的库尔德碰到了号称土耳其立国之父、政治强人的穆斯塔法·凯末尔。凯末尔革命打断了库尔德人的立国进程。一百年来，库尔德地区逐步演化为土耳其、伊拉克、伊朗、叙利亚四国交界的"四不管""四龙治水"地带，同时又是"遇到问题首先遭殃"的地带。难怪库尔德人有这样悲哀的形容："我们的命运总是被出卖"。

当前，之所以说库尔德人独立自治面临"千载难逢"的机会，原因有二：一方面，一百年前由英法瓜分奥斯曼帝国而形成的中东政治版图已经坍塌。2011年的"阿拉伯之春"引发中东北非动荡和内战，加上伊斯兰国（ISIS）作乱和大国干预，伊拉克、叙利亚、也门、利比亚等原本主权和领土完整的独立国家，现在已经四分五裂，国已不国。有专家称，中东的政治版图正在重构，下一步极有可能按照教派和文明的不同而形成不同的国家。作为中东五大文明（或五大政治势力）之一的库尔德人（其他四个文明分别是阿拉伯文明、波斯文明、犹太文明和突厥文明），没有理由不抓住现在这个混乱不堪的地区格局，抓紧实现自己的建国梦。另一方面，库尔德人散布在伊拉克、土耳其、叙利亚、伊朗四国的领土上，当前土耳其和伊朗相对比较强大和强势，不允许本国的库尔德人挑头闹独立，而伊拉克和叙利亚由于长期战争和反恐消耗，现在已经羸弱不堪，这相当于送给了伊拉克库尔德自治区率先独立公投的宝贵时间窗口。如果伊拉克和叙利亚东山再起，则库尔德人的千年建国梦还得无限期推迟。

一位国际关系学者认为，伊拉克库尔德自治区独立公投的"最佳时间窗口"实际上已经错过。最佳时间窗口出现在2016年中期ISIS闹得最凶、正需要库尔德武装出面围剿，发挥应有作用的时候。当时库尔德人的话语权和主动权最大，综合实力最强，那时候启动独立公投要比现在更好。

第二，丰厚的石油收入为库尔德人独立奠定了物质基础，但错综复杂的石油地缘政治于库尔德人而言也是双刃剑。伊拉克库尔德地区紧靠基尔库克这一伊拉克境内世界级的大油区。库尔德自治区油气资源丰富且拥有巨大的油气勘探开发潜力，库尔德自治区政府估计该地区潜在石油储量高达450亿桶，天然气储量高达2.8万亿~5.6万亿立方米，后续勘探极有可能获得世界级油气发现。目前在库尔德地区进行投资的外国石油公司和油田对外合作开发项目均超过40个，其中不乏埃克森美孚、雪佛龙、道达尔这样的国际石油巨头。2003年伊拉克战争以来，库尔德自治区可谓伊拉克境内少有的一方净土，安全形势稳定可控；且库尔德自治区的石油合同条款相对宽松，仍采用产品分成合同（PSA）这一国际石油界喜闻乐见、有利于投资者的合同模式，从而吸引了大批外国投资者前来淘金。对此,伊拉克中央政府一开始很强硬,声称凡是与库尔德自治区政府签订合同的外国石油公司,一律被排除在与伊拉克中央政府合作的名单之外。但因受近年来低油价的困扰,有点入不敷出的伊拉克中央政府对外国投资者投资库尔德自治区的禁令有所放松。

说是双刃剑,是因为尽管库尔德自治区地下有丰厚的油气资源,但作为内陆地区,缺乏畅通的油气外输、外运和出口通道,无异于"茶壶煮饺子",油气资源的价值难以实现。一开始,库尔德自治区石油主要依赖伊拉克与土耳其之间的主管道出口,出口收入在伊中央政府和库尔德自治区政府之间分成,中央政府获得收入的主要部分;后来,因不满意石油收入的分配方式,再加上中央政府管控力度下降,库尔德自治区抛开中央政府与土耳其合作,建立了一条单独的经土耳其出口石油的管道,实现了对石油收入的主动控制。目前,每年近50亿美元的出口收入使得库尔德自治区政府越发硬气,奠定了此次库尔德自治区独立公投的物质基础。这也是土耳其、伊朗纷纷威胁要终止与库尔德自治区石油贸易的原因所在。没了石油收入,库尔德自治区闹独立的底气和信心将大打折扣。

不仅如此,库尔德自治区政府"吃着碗里瞧着锅里",对旁边的基尔库克这一世界级大油区觊觎已久。2014年以来,随着伊斯兰国(ISIS)的壮大,库尔德人乘乱占据了伊拉克北部石油重镇——基尔库克。

伊拉克直到现在也未设立代表中央政府的国家石油公司,而是一直以南方石油公司和北方石油公司的形式存在,分别掌管伊拉克南部和北部的储量和油田群。已经拥有近一百年历史、2000年前后的日产量依然保持100万桶(目前已降至20万桶左右)的基尔库克油田是基尔库克乃至伊拉克北部石油富集地带的象征。据估算,这一地区(含库尔德地区)的石油储量约占伊拉克总储量的

50%。前述国际关系学者认为，巴尔扎尼（自治区主席）公投闹独立是假，通过公投增加谈判砝码，实质性控制基尔库克才是真。如果这样，巴尔扎尼算得上是一位"战略棋手"。

第三，库尔德真正自治立国的可能性的确存在，但能否如愿取决于全球大国的角力和该地区大国互怼的结果。这种可能性来自现有的、已经维持了一百年的中东政治版图的坍塌。现在的伊拉克、叙利亚、也门、利比亚等中东北非国家已经"破碎化"，在它们的基础上可能会出现若干个单一教派、单一种族的国家。那么，作为中东五大文明势力之一的库尔德，其自治立国则具有明显的合法性。既然是正义的事业，那么除了土耳其、伊朗、伊拉克、叙利亚这几个"涉事"国家表示明确反对外，沙特阿拉伯、以色列、埃及等传统中东大国恐怕对库尔德独立是"乐见其成"的。美国作为域外最强大的国家，出于民主自由独立的历史观和价值观，估计也不会对库尔德人的"正当诉求"横加阻挠。俄罗斯在库尔德地区也没有直接的、战略性利益存在，恐怕也不好明确表示反对。

不过，事情恐怕没那么简单。一旦伊拉克库尔德自治区真正实现独立，土耳其、伊朗、叙利亚境内的库尔德人势必纷纷效仿，同库尔德自治区的库尔德人"会师""合拢"，真正形成大一统的"库尔德斯坦"。这种结果对伊拉克，特别是土耳其而言，相当于少了近三分之一的领土，是难以承受的"生命之痛"。土耳其作为曾经横跨三洲（亚洲、欧洲、非洲）、覆盖五海（里海、黑海、地中海、阿拉伯海、红海）的奥斯曼土耳其大帝国的继承者，曾拥有无上的光荣与梦想，现在不得已退居小亚细亚半岛，偏于一隅。如果再让境内的库尔德分裂出去，那么土耳其人真的觉得太愧对祖先了。因此，土耳其势必全力以赴，坚决阻挠库尔德人的自治独立。此外，全球大国也有他们的算盘——

维持本地区力量的均势和平衡。如果平衡被打破，它们不会袖手旁观。

库尔德人的自治独立可能给全球树立一个"不好"的示范：是不是世界上所有人口众多且拥有单一文明、单一种族的群体都可以正大光明地谋求自治独立？如果这样，那么这个星球将会凭空增加多少纷争和战争。

库尔德人的"千年建国梦"能否实现，我们只能拭目以待。

伊朗国内游行示威骚乱的原因分析及下步局势研判

（2018年1月2日）

2017年12月28日，伊朗第二大城市马什哈德发生抗议物价高企的游行示威，并迅速扩大到其他城市，游行的口号从经济议题转向抨击体制、甚至冀望王权复辟。截至2018年1月2日，此次示威抗议已导致20多人死亡、数百人被捕。

此次伊朗大规模游行示威骚乱，表面上看是由于马什哈德民众对鸡蛋等生活必需品的市场价格上涨30%等表达极度不满所引起的连锁反应，但其实质是伊核协议达成的两年半来，伊朗国内的现实与民众的预期差距太大所致。

2013年，在伊朗民众对社会变革和经济发展的强力呼声下，温和派代表鲁哈尼上台，成为伊朗新一任总统。在鲁哈尼政府的全力推动和斡旋下，美伊达成共识，2015年7月联合国安理会一致通过伊朗核协议，联合国长达10年的伊朗制裁被取消（美国对伊朗长达35年的制裁虽未彻底解除，但也明显松动）。伊朗由此迎来"形势一片大好""改革开放的春天"等普遍乐观的形势，国内民众对未来美好生活向往的情绪空前高涨。

制裁解除后的两年多来，尽管鲁哈尼的改革在诸多领域取得一系列成效，但实际成果与民众的期望依然相差甚远。"理想很丰满，现实很骨感"，伊朗国内错综复杂的政体已经成为社会变革和经济发展最大的掣肘。具体而言，导致此次大规模骚乱根本上有三个原因、一个背景。

三个原因：一是经济不好民生不佳。伊朗近两年经济增长相对稳健，但主要是石油出口恢复和油价上涨所致，对就业的拉动有限，对民众购买力的提升有限。有数据显示，伊朗民众过去10年的购买力实际下降了15%。鲁哈尼总统吸引外资的一些承诺也因为美国"变卦"而没能全部兑现。二是民众对伊朗体制包括派系执政的失望。前任总统内贾德是保守派，现任鲁哈尼偏改革派，之前还有改革派哈塔米执政。换来换去，无论什么派的政客执政，民众的生活没有根本改善、与西方的关系反反复复，在这种情况下，民众的幻灭感、对体制的怀疑感和不信任感越来越强。因此，哪怕鸡蛋价格上涨这样的"小事"，处理不好都可能引发大规模的抗议。三是"伊朗革命"前后的巨大落差使得一部分城市居民怀念巴列维王朝的"美好时代"，而对如今的惨淡现实抱怨多多。伊朗社会是典型的"城乡二元结构"，城市人口相对开放、观念思潮多元、部分人怀念1979年伊朗革命前的开放和物质丰富年代；农村人口多为保守派、信奉纯正的伊斯兰教义，相对安于现状。这种巨大落差也是此次示威抗议人群喊出"回到巴列维王朝时代"的主要原因。

一个背景：美伊关系的恶化。特朗普上台后，美伊关系恶化，直接导致伊核协议被架空，协议红利滴灌到伊朗民众的份额越来越有限。而且，美国国务卿蒂勒森明确表示，将支持伊朗内部力量搞和平演变，美国国家安全战略把伊朗列为流氓国家，要全方位地遏制伊朗。这次抗议运动刚一起头，特朗普、美国务院、个别重量级议员都发声支持伊朗人民和平抗议，显示了美国干预伊朗内部局势的意愿。

就未来伊朗国内局势走向，有以下分析和研判。

第一，这次大规模抗议和骚乱突兀而起，说明不是一场"蓄谋已久"的反抗运动。从抗议群众喊出的口号看，诉求比较多元。和2009年因大选不公平导致的绿色运动不同，此次抗议最初是抗议物价上涨，也就是民生问题，后来延伸到对体制的不满，对鲁哈尼总统的不满，对拉里贾尼议长也不满，甚至也有喊让宗教领袖哈梅内伊下台的，还有人抗议伊朗给叙利亚、黎巴嫩太多资源。抗议活动本身"源动力"不足、准备不足，这就注定了抗议活动走不了多远。

第二，伊朗政体依然稳健，革命卫队和军警依然牢牢效忠于宗教领袖和政府，挑战体制的力量明显不足。考虑到伊朗革命卫队和军警部门力量很强，从2017年5月总统大选时可以看出，支持鲁哈尼总统连任的民众还是占绝大多数，伊朗政府仍有很大的民众凝聚力和向心力，反对派的力量过于弱小，形不成对现有政体的巨大挑战。

第三，目前伊朗面临美国遏制的巨大压力，同仇敌忾、一致对外的民族主义情怀也是压制抗议活动发酵的重要防线。2003年伊拉克战争、特别是2011年"阿拉伯之春"以来，伊朗在中东地区的相对实力空前强大，外部地缘政治态势明显好转，民众普遍认识到伊朗的发展和强大离不开外部环境的改善。美国遏制、沙特阿拉伯觊觎等外部因素使得伊朗内部更加抱团。综合来看，伊朗内外部局势并不支持一个街头运动推翻政权的图景。

第四，美国、以色列、沙特阿拉伯等外部力量的干涉不容小觑，应对不力的话，伊朗政体的稳定性将面临巨大挑战。宗教领袖哈梅内伊在他的官方网站留言："近些天，伊朗的敌人利用各种手段给伊朗制造麻烦，包括提供现金、武器、政策和情报设备。"这从另一个侧面反映了,美国、以色列、沙特阿拉伯等外部势力会抓住此次伊朗内乱"千载难逢"的机会,不遗余力地"掺沙子",不断制造麻烦,这将给伊朗政府平息此次骚乱带来不小的挑战。

  总体判断,伊朗下步局势可控,出不了大事。西方媒体用"德黑兰之春"来描述此次示威和骚乱,明显戴有"有色眼镜"。伊朗国内对体制不满的声音确实很多,但挑战体制的力量明显不足。

不要过分渲染美国退出"联合全面行动计划"的严重性

（2018年5月13日）

2018年5月9日，吸引全球眼球的美国是否会退出"联合全面行动计划"的"另一只靴子"终于落地，美国总统特朗普宣布退出该协议。而此前一两天，英、法、德三国已经明确表示不会追随美国退出协议。尽管如此，美国又一次的"退群"（特朗普上台后，美国连续退出了巴黎气候协议和联合国教科文组织）和单边主义行动还是在全球范围内掀起了轩然大波。

联合全面行动计划（JCPOA）于2015年7月由伊朗与美、英、法、德、中和俄罗斯六方签署，美伊是主要的当事方。2016年1月该协议正式开始执行，欧洲宣布解除对伊朗的制裁，美国按照协议规定部分解除对伊朗制裁。伊核问题的解决向前迈出了实质性一步，伊朗前景一片光明，外国公司普遍看好伊朗，纷纷筹划和布局伊朗市场。法国道达尔集团、雪铁龙汽车和空中客车等欧洲大型企业已经在伊朗有所动作。但随着特朗普此次"退群"，一切实似乎又回到了上一轮制裁（2012年前后），而且情况可能更加严重。

各路新闻媒体对美国退出"联合全面行动计划"的原因、可能造成的后果等大肆报道，相关分析文章铺天盖地，绝大多数持悲观态度。总体认为美国此次"退群"让本已持续动荡和乱成一锅粥的中东局势进一步恶化，迫使伊朗走到前台与美国、以色列等"死敌"直接对垒，中东地区的地缘政治恶化态势俨然已经到了"崩溃"和无可挽回的境地。有专家分析美国恢复并强化对伊朗的制裁将对中美关系、中国与伊朗的关系，以及中国企业在伊朗的投资、贸易与运营带来"灾难性"影响。

问题真的有那么严重吗？美国的"退群"行为尽管将带来不可估量的损失和难以预料的挑战，但事情尚未到不可收拾的地步。换句话说，不要过分渲染特朗普此次"退群"的严重性。这只不过是特朗普执政时期已经退出的和未来可能还要退出的几个群之一。制裁下的伊朗，未来的日子虽谈不上"岁月静好"，但尚未到山穷水尽的地步。

首先，除了美国，伊朗和其他五个攸关方（英国、法国、德国、中国、俄罗斯）2015年7月费尽周折才达成的JCPOA是个"好协议"，英国、法国、德国此次已经明确表示不会追随美国"退群"，中国和俄罗斯更不会主动退出。因此，如果六国继续选择遵守并执行该协议，则美国人是否退出该协议于未来执行而言，没有本质性的区别，协议依然具有生命力，依然可以执行下去。

之所以说是"好协议"，是因为JCPOA的基本条款均在各方的底线范围内，为各方找到了"最大公约数"（基于2015年前后的中东地缘政治情形）。特朗普之所以选择退群，主要是因为伊朗近两年的所作所为"突破"了美国和以色列的底线，比如伊朗弹道导弹技术发展迅速，比如伊朗联合伊拉克、叙利亚和黎巴嫩在中东形成了牢固的"什叶派新月地带"，对以色列和沙特阿拉伯等美国传统盟友构成严重威胁，再比如伊朗人权问题等。这些均让深受犹太势力影响和牵制的特朗普政权大为恼火。可以说，美国退群是假，实质性打压和消除伊朗近年来在中东地缘政治上业已取得的优势，乃至推翻伊朗现政权才是真。

2016年JCPOA执行以来，即便美国放松了对伊朗的制裁，但依然限制其公民和企业投资、前往伊朗。2017年伊朗对外贸易额约1000亿美元，中国是最大贸易伙伴，贸易额约360亿美元，欧盟为200亿美元，美国接近于零。2017年伊朗接受的外国直接投资为30亿美元，没有一美元来自美国，主要来源于亚欧国家。2017年伊朗从国际社会获得的融资，同样没有美国一毛钱。因此，有没有美国的技术、设备和资金，于伊朗而言根本不是事。伊朗国内经济建设、能源合作所需的资金、关键技术和设备完全可以在欧洲和亚洲找到替代，只要英、法、德不恢复对伊制裁。当然，中国和俄罗斯的支持对伊朗而言也十分重要。

其次，即便未来英、法、德迫于美国的压力，不得不退出JCPOA，协议走向终结，恢复到2012年前后的情形甚至更糟，但伊朗还可以依靠自己，并借助俄罗斯、中国等非美国盟友的力量坚持下去。实际上，自1979年以来，围绕伊美人质事件、两伊战争、伊朗核问题、伊朗恐怖主义及人权问题等，美国对伊朗实施了超过20轮制裁，制裁范围涵盖贸易、金融、能源等方面。2007年以来，欧盟也陆续颁布10多个对伊制裁法规。最为严重的情形出现在2012年10月，当时欧盟再次出台对伊制裁新措施，意在禁止成员国进口和转运伊朗天然气、还实施了金融和出口限制等。即便面对美欧"双管齐下"的严厉制裁，伊朗还是挺了过来，一些在伊朗从事投资与贸易运营的外国公司还是活了下来，伊朗与外方的几个油田开发建设和合作项目还是得到了推进，伊朗的原油还是找到了国际买家。办法总比困难多。

如果此次英、法、德欧洲三国恢复对伊朗的制裁，并且美国和欧洲对伊朗施加更为严厉的制裁条款,伊朗发展与对外交往的势头可能被遏制,但不会完全停止。"上帝在关上大门的同时,总会留下一扇窗"。

最后,伊朗没有外界想象的那么脆弱,其文化根基的牢固性、其广阔国土面积和近亿人口形成的战略纵深、其门类齐全的工业体系、其地下资源的丰富程度等,均是伊朗对抗美国制裁并维持其中东大国地位的"压舱石"。波斯民族的坚韧性超乎想象,超过5000年历史的文化底蕴造就了伊朗人独特的性格。可以说,当前伊朗正是在古波斯人、波斯人、伊朗人与西方和阿拉伯世界数千年断断续续的冲突和博弈中练就的,再多一次的制裁和打击在历史长河中甚至可以忽略不计,没什么了不起。

伊朗国土面积近165万平方千米、人口近8000万,是中东地区乃至亚洲的大国,有着巨大的潜力和战略纵深。用布热津斯基的话说,"伊朗是全球地缘政治博弈中的棋手"。而且,伊朗历经美国/西方数十年制裁"洗礼"后,通过自力更生和一定程度的外部支持,硬是在国内形成了门类齐全的工业体系,在中东地区一枝独秀。伊朗近年快速发展的弹道导弹技术就是其拥有雄厚工业底子的明证。更重要的是,伊朗石油探明可采储量全球第三,天然气可采储量全球第一,油气探明可采储量当量全球第一,殷实的自然资源"家底"也使得其应对制裁底气十足。

中国企业作为外国投资者和国际供应商、服务商、承包商,在经历过去数十年的美国/西方对伊朗时断时续制裁之后,已经练就了一身应对制裁的"真功夫",企业的实操经验和关键时点的谨慎可以帮助它们把困难和风险降至最低。美国/西方对伊朗的制裁不等于联合国对伊朗的制裁。从道义和法理意义上讲,中国企业完全可以对以美国为首的西方实施的对伊朗单方面制裁置之不理。中国企业在伊朗行为与美国对伊朗制裁法案之间的"猫捉老鼠"游戏已经玩了几十年，双方都有丰富的经验，关键时刻就看谁更高明、更冷静、更谨慎。

当然，美国的金融打击能力、切断阻隔和惩罚"违规者"的手段全球首屈一指，其通过"长臂管辖"和"治外法权"实施精准打击的能力令全球其他国家望尘莫及。已经在伊朗拥有业务的中国、欧洲和俄罗斯等国的企业，以及业务遍布全球特别是在美国拥有重大利益的企业，还是要认真仔细评估现有在伊朗的业务活动有没有明显违反美国恢复制裁后的相关条款和规定，及早拿出应对预案，尽早"切割"，避免授人以柄。制裁恢复后，涉伊的国际贸易、航运、保险、金融，以及石油天然气领域将成为美国紧盯的对象。同时，对于未来有计划但尚未开展的业务活动和市场拓展行为，要切实评估制裁一旦实施可能造成的后果和影响，及时果断停止一切"冲动"行为，避免与美国的制裁法案正面对撞。

总之，美国在JCPOA执行问题上单方面"退群"已成事实，这不是第一次，也不是最后一次，不要小看也不要夸大美国恢复对伊朗制裁带来的负面影响。唯有保持一颗平常心，大处着眼、小处入手，做细做足做实应对预案，保持战略定力，才能在后续的风浪和挑战中争取主动。

特朗普既要石油降价
又要禁止伊朗出口石油，可能吗？

（2018年7月8日）

7月4日是美国国庆日，美国总统特朗普再次发出要求石油输出国组织（OPEC）降低石油价格的推文。

特朗普在推特上写道："OPEC垄断组织必须记住，天然气价格正在上涨，它们几乎没有起到什么作用。如果说它们做了什么，那就是推高了价格，而美国为了很少的收益为它们的许多成员辩护。这必须是一条双行道。现在降价！"

这不是特朗普第一次通过推文要求沙特阿拉伯等OPEC产油大国降低油气价格了。2018年4月21日，特朗普发推文批评OPEC的减产措施已经大幅提高了全球石油价格，并称"人为"的高油价不会被接受。特朗普在那次推文中说道："看起来OPEC再次出手了，连同海上装满石油的船只，全球各地的油价已经创下历史纪录。油价在人为干扰下已经非常高！这点非常不好，而且不会被接受！"

然而，控制油价涨跌的指挥棒并不掌握在OPEC手里，甚至也不完全掌握在美国手里。美国要求OPEC增产，纵容沙特阿拉伯这位"州官"放火，却不允许伊朗这位"百姓"点灯。

就在7月2日，美国国务院政策主任布赖恩·胡克就美国对伊朗政策举行新闻发布会称，美国将逐渐恢复对伊朗的制裁，并将伊朗石油出口收入降至为零。这意味着，美国将通过加大对伊朗制裁力度等"极限施压"措施，将伊朗的石油出口量直接打到零；这也意味着，美国还将通过金融制裁、治外法权等措施"阻断"目前进口伊朗石油的国家（包括中国）继续进口。特朗普政府的目标确实很"宏伟"。

面对美国"封杀"的威胁，伊朗总统鲁哈尼在同一天做出回应。鲁哈尼说，美国称不允许伊朗出口石油，他们还不明白这样做的后果。"如果伊朗不能出口石油，那将意味着整个地区的石油都不能出口。如果美国真的那么做，那就等着瞧吧！"鲁哈尼的话再明白不过了：若你美国不允许我出口石油，那我将封锁波斯湾海峡，凡是通过这一海域通道出口石油的国家均不能出口。

虽然美国国务卿蓬佩奥在数天后的7月10日表示，美国可以对某些进口伊朗石油的国家进行豁免，也就是说，不会将伊朗的石油出口量打压到零。这一定程度上显示了美国对制裁伊朗出口石油上的摇摆。

众所周知，波斯湾的霍尔木兹海峡是目前全球最为繁忙的海上石油运输通道，平均每5分钟就有1艘油轮进出海峡。每年有占世界出口总量一半以上（接近2000万桶/日）的石油从这里运出。如果波斯湾因极端情况而遭封锁，那么美国、以色列、沙特阿拉伯必将和伊朗爆发全面的战争，这样的话，整个中东将迎来历史上最黑暗的时代。

通过施压沙特阿拉伯等产油大国增产而拉低油价，与禁止伊朗出口石油而导致油价上升，这是两个截然相反的目标，特朗普如何实现。特朗普几次推文所释放的"威胁"确实起到了一定效果，OPEC在2018年6月22日的维也纳会议上，通过与非OPEC国家（又称"维也纳联盟"）协商，已初步决定从7月起尽快使石油增产量达到100万桶/日。此举一定程度上平衡了全球油气供需，油价近期有了回调和下降的迹象。看上去，沙特阿拉伯正在不遗余力地按照特朗普的要求实施"增产压价"策略。

但是，如果此时，特朗普政府执意要将伊朗的石油出口量和出口收入降至零，且伊朗如鲁哈尼总统所言进行针锋相对的抗争，则整个海湾地区将不能出口石油。全球原油贸易市场每天将整整减少2000万桶左右的石油，国际油价将会像脱缰野马，不排除狂升至150美元/桶甚至200美元/桶以上的可能性！这真是特朗普所要的吗？还是特朗普有能力将伊朗石油出口量"打压"到零的同时，保证其他海湾国家顺利正常出口石油？

不知道特朗普的政策研究团队是怎么考虑的，很明显，说服沙特阿拉伯增产以降低油价和禁止伊朗出口石油而导致油价"井喷"，这是两个完全相反的目标，不知道"神通广大"的特朗普如何实现。

美国即便大力推动国内致密油产量增长，即便OPEC释放剩余产能和提升产量水平，也不足以弥补伊朗和伊拉克被迫中断石油出口而导致的供应下降。2017年，美国致密油（主要是页岩油）的平均产量水平大约为450万桶/日（全年约2.25亿吨），占美国2017年原油产量的39.2%，也就是说，2017年，美国原油产量水平差不多为1150万桶/日。2018年前5个月，致密油平均日产量水平大约为550万桶/日（美国能源署EIA的数据），相比2017年高出100万桶/日。在美国近年石油进口量依然每年3亿吨左右的情况下（日进口600万桶以上），美国国内增加的致密油产量基本供国内使用，尚不具备大规模出口石油的能力，无法起到平衡全球石油市场供应突然减少的作用。

2017年，伊朗石油平均出口量近300万桶/日（生产498万桶/日，国内消费181万桶/日左右），伊拉克的平均石油出口量为370万桶/日。即便美国有能力将伊朗的出口量打到零，且有能力阻止伊朗采取封锁霍尔木兹海峡的极端做法，但是作为伊斯兰什叶派的伊拉克中央政府关键时刻是听命于伊朗的，伊朗极有可能与伊拉克形成"攻守同盟"，伊拉克的石油出口也将骤降或停止。如果这样，全球石油供应将减少670万桶/日，这种巨量的缺口恐怕不是沙特阿拉伯、科威特等唯美国马首是瞻的出口国能够补充得了的。

更何况美国无法100%阻止伊朗"鱼死网破"封锁霍尔木兹海峡的极端行动。到那时，全球石油市场的"黑暗"局面恐怕不是特朗普能够拯救得了的。

长期而言美元走弱的特征明显，加上美国挥舞对伊朗和俄罗斯的制裁大棒，全球对油价上升的预期显著增大，不排除油价"爆发式"上涨的可能性。美元的相对弱势地位有利于美国的经济复苏和特朗普的"美国优先"政策。"石油美元"（以美元计价的石油交易）是美国维持美元霸主地位的根基，美元走弱意味着石油价格相对上涨，反之，美元走强意味着石油价格相对下降。

未来一个时期美元间断性呈现走弱趋势，中东地区的"石油战争"和"文明的冲突"一触即发，美俄在中东和乌克兰等地区战略博弈的长期化，美国与中国、欧盟等国的贸易战日益加剧，这个世界变得愈加动荡，全球油气市场的平衡更加脆弱，这些将不可避免地导致人们对石油价格上涨的预期增大，传导至石油交易市场，导致油价快速攀升，甚至不排除爆发式增长。这恐怕是与特朗普的期望和目标背道而驰的，也是不符合所有石油消费大国和生产国的根本利益的。损人而不利己的事情，不知道特朗普为何一再坚持要做。

鱼和熊掌不可兼得，可特朗普偏偏想兼得。既想"施压"以沙特阿拉伯为主的OPEC增产以达到降低石油价格、驱动美国经济高质量发展的目标，又想通过遏制和禁止伊朗出口石油来达到打击伊朗、甚至迫使伊朗发生政权更迭的如意算盘。但是，油价的涨跌是符合市场规律的，不会因特朗普的要求而发生改变。

也许，该改变的正是特朗普自己。

美国和伊朗全面互怼，国际油价走向何方

（2018年8月26日）

8月7日，是5月8日特朗普宣布美国退出联合全面行动计划（JCPOA）、计划恢复对伊朗制裁后的第三个月末，也是美方设定90天和180天两个制裁缓冲期的第一个缓冲期到期日，美国对伊朗的第一批制裁开始生效。[1]首批制裁主要针对伊朗政府购买美元的活动、伊朗的黄金及其他贵金属交易，与伊朗货币里亚尔相关的交易，石墨、铝、钢、工业软件，伊朗汽车、民用航空业。不出意外，美国对伊朗的第二批制裁将于11月5日生效，打击对象包括作为伊朗经济支柱的石油业，以及航运、保险和伊朗中央银行与外国金融机构的业务往来。

过去两个月，美国多次威胁要进一步加大对伊朗石油业的制裁力度，并敦促伊朗原油进口国在11月4日之前将伊朗原油进口量削减至零。面对美国"咄咄逼人"的制裁大棒和特朗普强势作风，伊朗和伊朗原油进口国感到压力空前。虽然目前尚不能确定美国是否真能将伊朗原油出口打压至"零"，但伊朗在上

---

[1] 尚艳丽，王恒亮等. 美国重启对伊朗制裁及相关影响分析[J]. 国际石油经济，2018（06）：68-74.

一轮（2012—2015）遭遇制裁期间，原油产量减少约100万桶/日，出口量减少约120万桶/日的事实仍历历在目。本轮制裁，特朗普态度非常强硬，以"极限施压"的手段，欲达伊朗原油出口"清零"之目的，预计本次伊朗原油出口受影响程度可能大于上次制裁期间，不排除出口量骤减200万桶/日甚至更多的可能。

美国恢复并加强对伊朗石油业的制裁将对全球石油市场，特别是国际油价走势产生哪些影响？这里按照短期、中期、长期走势逐一分析。

短期：油价可能窜至100美元/桶

短期看（到2019年底），由于伊朗原油出口供应减少甚至终止，市场恐慌情绪弥漫和不确定性因素增多，国际油价将呈现上涨趋势，不排除"乱窜"至100美元/桶的可能性。2016年以来，随着JCPOA的实施，伊朗原油出口量迅速恢复至200万桶/日以上。过去两年，中、欧、印、韩、日是伊朗原油的主要买家，"核心买家"中国和欧洲进口量保持在60万桶/日以上，日本的进口量也在40万桶/日以上。但2018年5月以来，欧洲进口伊朗原油量迅速回落、印度进口量则大幅提升。6月，伊朗原油出口量达220万桶/日，其中印度68万桶/日，中国65万桶/日，欧洲38万桶/日。

迫于美国压力，欧盟、印度、韩国、日本等买家均表态将减少从伊朗进口石油，不排除到11月初美国启动第二批对伊朗石油业制裁时，上述各国将伊朗原油进口量"清零"的可能性。鉴于近期美国曾表示可能对部分国家实施豁免，且伊朗原油进口国采取的应对措施尚不明朗，未来伊朗原油出口减少程度仍有不确定性。总体来看，伊朗出口量降幅大体有两种情形：一是中国和印度仍维持一定进口水平，欧洲、日韩和其他国家基本停止进口，伊朗原油出口量将减少120万桶/日左右；二是美国态度强硬，伊朗原油出口全部停止，相比2018年6月减少220万桶/日。

上述两种情形均会对全球原油市场产生较大冲击，尤其是第二种情形下，伊朗短供的原油短时间内难以被填补。加上伊朗也频繁放出"狠话"，如果该国石油出口被清零，将封锁霍尔木兹海峡。目前每天约有1800万桶原油通过霍尔木兹海峡，一旦该海峡遭封锁，全球约30%的海运原油贸易将中断。尽管从各方面判断，霍尔木兹海峡中断运输的可能性不大，但伊朗原油出口骤减乃至中断仍将引发全球石油市场恐慌。加上委内瑞拉、利比亚、尼日利亚、安哥拉等全球重点石油出口国地缘政治风险持续高企，原油供应侧"黑天鹅"事件时有发生。除非美国对伊朗的"极限施压"政策到11月初出现"柳暗花明"的转机（美国和伊朗和解），否则，全球石油市场的动荡将持续加剧，严重的供应短缺极有可能发生，不排除国际油价"乱窜"至100美元/桶的可能性。

中期：油价将回落至80美元/桶左右

中期看（2020年前后），由于美国致密油（页岩油）生产商增产，加上OPEC主要产油国由"减产提价"向"增产抑价"转变，全球石油市场"短缺"的表象将会快速"再平衡"。近年来，随着美国"页岩革命"的成功，页岩油生产基础不断稳固，逐步扮演起全球石油市场又一大"机动生产商"的角色（另一机动生产商是沙特阿拉伯）。可以预计，如果2019年第四季度油价一旦上涨至80美元/桶以上甚至更高，美国页岩油生产企业的"机动生产商"角色将迅速发挥作用。2018年上半年，美国页岩油产量水平约为450万桶/日。在更高油价、更高回报的刺激下，产量水平提升至500万桶/日以上甚至更高不是问题。

2018年6月以来，特朗普数次通过推特"喊话"沙特阿拉伯，要求其增产以平抑"过高"的油价，理由是高油价不利于美国制造业的回归和"特朗普新政"的实施。6月22日，OPEC维也纳会议上，通过与非OPEC国家协商，OPEC决定从7月起尽快使石油增产量达到100万桶/日，沙特阿拉伯等主要产油国正"遵从"美国要求不遗余力增产。

综合考虑上述两大因素，预计未来一个时期，全球原油"供给侧"将增加供应150万桶/日以上，这将有效缓解因伊朗原油出口量下降甚至清零带来的不利影响。中期看，全球原油市场将达到"再平衡"状态，国际油价将明显回落至80美元/桶。

长期：油价将恢复到目前70美元/桶左右的温和状态

长期看（2020年之后的三至五年），油价将保持70美元/桶上下的温和状态，但仍不排除地缘政治事件和金融市场刺激而出现的短期剧烈震荡。国际油价的涨跌主要取决于全球经济增长状况，以及中东地区、俄罗斯中亚地区和美洲地区石油生产大国的供应情况。

考虑到美国经济状况的持续好转、中国经济的转型和瞄准"高质量发展"，以及印度等经济体的表现抢眼，全球经济增长前景看好，对石油的需求量将有所上升。2018年3月剑桥能源周（CERAWEEK）会议上，众多机构和专家均认为，未来五年（到2023年），全球原油需求量将净增690万桶/日（需求总量将达到10470万桶/日），其中中国和印度将占整体需求增幅总量的一半。

另一方面，考虑到美国页岩油产量增加，沙特阿拉伯等OPEC主要产油国的增产，以及俄罗斯、巴西等国利用高油价时机提升石油产量和出口量等因素，专家们和国际石油机构预测到2023年，全球日均石油供应量将净增640万桶/日

（供应总量将达到10700万桶/日），其中60%将来自美国页岩油产量增加。

长期而言，全球石油市场将保持供需平衡的状态，国际油价经受诸如美国加大对伊朗制裁等地缘政治事件短期影响而剧烈震荡后，将重回正常轨道，保持一个合理适中的水平。

风雨四十载：美国对伊朗制裁的前世今生

（2018年8月19日）

自1979年伊朗伊斯兰革命后，美伊关系全面恶化，伊朗"反水"，由美国的战略盟友突然转变为美国的战略对手。美国从1980年开始便对伊朗实施包括石油禁运在内的各种制裁。随着美国对伊朗实施的一轮又一轮经济制裁"来了又走"，蓦然间，将近四十年过去了（2018年是第39年）。美国对一个国家实施40年以上的不间断制裁（中间出现的几次缓和也仅仅是昙花一现），除了朝鲜和古巴外，也就是伊朗了。

过去四十年，美国和伊朗的恩怨是如何演绎的？美国对伊朗制裁的主要举措和伊朗的反制又是怎样的？大体可以分为"四个十年"。

20世纪80年代：无暇顾及伊朗

20世纪80年代是里根和老布什任总统时期，虽然美国对伊朗恨得咬牙切齿，但由于忙于对付苏联，加上萨达姆·侯赛因挑起两伊战争帮了美国的大忙，美国并未对伊朗施以重压。这一时期，世界的热点是冷战、两伊战争和苏联入侵阿富汗。里根总统忙于与苏联大打"星球大战",几乎无暇顾及卡特政府后期留下的伊朗这个"大麻烦",只要伊朗不继续给本地区和美国制造麻烦即可。

彼时,出于在阿拉伯世界争当"领头羊"的雄心,出于通过收拾伊朗此类输出伊斯兰什叶派"政教合一"意识形态的敌对势力而在中东地区树立威望的考虑,加之伊斯兰革命后霍梅尼政权尚不稳固,伊拉克领导人萨达姆·侯赛因悍然发动了"两伊战争"。此举正中美国下怀,于是在两伊战争的八年时间里,美国"坚定"地站在了伊拉克这一边,以萨达姆之手和伊拉克军队牵制伊朗的有生力量,持续消耗伊朗的战略资源。两伊战争的结果是两败俱伤。

这一时期还发生了苏联入侵阿富汗的事件,战争一打就是十年,直到1989年苏联无奈撤出阿富汗。

总体而言,在星球大战、两伊战争、阿富汗战争的大背景下,美国和伊朗的紧张关系至多算是"次要矛盾"。这一时期,美伊恩怨的焦点主要是卡特政府时期发生的"伊朗人质事件"。

1979年,伊朗爆发伊斯兰革命,在海外流亡15年的霍梅尼回到伊朗,成立了政教合一的伊斯兰共和国。当年11月,革命者闯入美国大使馆,扣留了66名使馆人员,即震惊世界的"伊朗人质危机"。这也是美伊两国近四十年交恶的开始。

为了迫使伊朗释放人质,卡特总统马上就宣布禁止美国从伊朗进口石油,并且要求美国银行冻结伊朗政府和伊朗中央银行高达120亿美元的存款和财产。1980年,美国正式断绝与伊朗的外交关系,全面禁止伊朗和美国的贸易,禁止美国人前往伊朗或在伊朗从事投资经营和金融交易。

"人质危机"结束后,美国迎来了里根总统执政期,美国对伊朗的制裁曾有过短暂的放松。但是，1983年，黎巴嫩真主党策划了贝鲁特美国大使馆的爆炸案，而伊朗被认为是背后的指使者。这使得美国政府于1984年宣布伊朗是"支持恐怖主义的国家"，两国关系再次急转直下。到1987年，里根政府宣布全面禁止从伊朗进口石油。这一策略一直延续至老布什总统时期。

可以说，20世纪80年代，由于美国的主要精力用于对付苏联，基本无暇顾及伊朗，牵制伊朗主要靠美国的战略盟友。当然，伊朗当时处于新的"伊斯兰共和国"成立后的稳固期，其精力主要放在与伊拉克的"生死战"上，并未给以美国为首的西方世界制造太多麻烦。

20世纪90年代：两个"法案"拴住了伊朗的手脚

这一时期美国主要是克林顿总统主政时期。20世纪90年代，美国对伊朗的制裁达到了一个全新的高度。克林顿政府首先于1995年开始禁止所有美国公司投资伊朗的石油产业，随后推动《伊朗交易监管法》（Iranian Transaction Regulations，"ITR"）通过。该法案全面禁止美国与伊朗的一切贸易和投资，ITR的规定成为之后20年美国对伊朗制裁的核心内容。

1996年，美国通过了《伊朗制裁法案》（Iranian Sanctions Act，ISA），史无前例地将制裁措施的适用对象扩大到美国公司以外的主体，禁止任何人向伊朗的石油工业进行大规模的投资。这就是所谓的"第二代制裁措施"。

此后，ITR和ISA成为美国制裁伊朗的两个核心法案，这两个法案也成为美国制裁其他国家的重点参考法律文件。

这一时期伊朗是如何反应的呢？

有必要提一下伊朗前总统赛义德·穆罕默德·哈塔米。1997年5月，拥有著名学者和专家教授身份的哈塔米参加伊朗总统选举并以多数票当选，1997年8月

4日宣誓就职。2001年，哈塔米连选连任，直至2005年8月去职。这一时期，伊朗奉行"温和"的外交政策。美伊关系也得到一定程度的改善。哈塔米的政策使得伊朗与其他国家的关系和气氛转善，与世界其他重要势力之间的关系也得以改善。2004年，日本石油株式会社（INPEX）不顾美国的再三警告，与伊朗签订了开发阿扎德甘——这一十亿吨级可采储量油田的"世纪合同"，就是伊朗与外界关系修好的明证（但最终INPEX公司还是屈服于美国的压力，在2006年底退出该项目）。期间，伊朗与美国的关系依然充满猜疑和不信任，毕竟，冰冻三尺非一日之寒。

21世纪00年代：宣布伊朗为"邪恶轴心"并施加强大战略压力

进入21世纪后的第一个十年，小布什主政下的美国奉行"新保守主义"政策（即"进攻性现实主义"），在全球范围针对敌对力量实施"先发制人"的打击。这一背景下，美伊关系变得更加错综复杂，甚至进一步恶化。

本来，哈塔米执政伊朗时期有意改善与美国的关系，日本、欧洲的一批大型企业也有意愿进入伊朗投资。遗憾的是，小布什担任美国总统后，随着"9·11"事件的爆发，美国在全球的战略重心转移到反恐上。在反恐的大背景下，美国"迅速"宣布伊朗、朝鲜等国家为"邪恶轴心"，一下子将有意"软化"与美国关系的伊朗"打入冷宫"。加之强硬派势力代表内贾德上台担任伊朗总统，美伊关系重新陷入恶性循环。

这一时期，反恐是小布什的头等大事，而伊朗则被认为是恐怖主义的主要资助者。自此，处于"绝境"中的伊朗不得不"绝地反击"，开始加速发展核武器和弹道导弹技术。此后，伊朗核武器和远程弹道导弹的威胁逐渐得到国际社会的重视。

将伊朗视为眼中钉的小布什总统在任内不仅增加了对伊朗制裁的措施，更重要的是，极大地加强了制裁措施的执行。小布什政府在财政部下整合各部门，成立了恐怖主义及金融情报办公室（TFI），该办公室下辖著名的海外资产控制办公室（OFAC），作为美国经济制裁措施的主要执行机构。之后的十几年，TFI和OFAC成为各国跨国公司尤其是跨国金融机构最恐惧的监管机构。

21世纪10年代：从联合全面行动计划到"极限施压"

2008年，信奉"自由主义"的奥巴马上台，一改小布什的强硬作风，与全球的主要战略对手寻求某种意义上的"合作"。

但遗憾的是，奥巴马政府任内，美国对伊朗经济制裁的措施达到了顶峰。这不能不说是伊朗"咎由自取"、放弃与美国修好导致的。彼时，伊朗一边与奥巴马政府"假意"谈判，一边私下里紧锣密鼓地发展核武器，甚至取得了重大进展。2010年2月，伊朗生产出第一批纯度为20%的浓缩铀。

感觉上当受骗的奥巴马政府通过多项新的制裁措施，并且加强了制裁措施的执行力度。而且，2012年以来，欧盟也追随美国开始实施对伊朗的制裁。奥巴马政府任期内对伊朗制裁的执行达到新的高度：截至2015年12月，外国银行的美国分行因为违反美国的制裁规定已累计向美国政府缴纳了高达140亿美元的罚金。在这样的高压政策下，全世界的跨国企业尤其是金融机构开始意识到遵守制裁法规是一个非常重要的合规问题。

令人"意外"的是，行将结束任期的奥巴马给了伊朗人最后一次机会，而2013年末伊朗"温和派"总统鲁哈尼的上台也意味着伊朗开始重视和珍惜美国和西方抛出的"橄榄枝"。经过数十轮的谈判，在中国、俄罗斯、法国和德国等各方的斡旋下，尤其是在美国做出较大让步的情况下，举世瞩目的联合全面行动计划终于达成，伊朗看似迎来了开放的"春天"，迎来了全世界投资的热潮。

遗憾的是，好景不长，2017年特朗普上台，处于履行竞选承诺的需要，处于实施"美国优先"政策的考虑，特朗普多次表态要废除JCPOA，恢复对伊朗的制裁。2018年5月8日，特朗普兑现承诺，宣布退出伊朗协议，开始启动对伊朗的"极限施压"政策。

以上便是四十年间，美国和伊朗演绎的"猫捉老鼠"游戏。美国和伊朗的恩怨，大有从两国中短期矛盾上升为两种文明（基督文明与伊斯兰文明）的长期争斗和博弈之势，目前还看不到结束的尽头。

回顾美国和伊朗的"猫捉老鼠"游戏，不难发现，美国没输、伊朗没赢，美国没松、伊朗没怂。一方面，美国对伊朗施加的长达四十年制裁的确给伊朗带来了"灾难性"的后果。四十年之前的20世纪六七十年代，伊朗号称海湾地区第一强国，无论是在社会开放度，还是在经济发展等方面，伊朗均遥遥领先于中东地区其他国家。甚至在尼克松执政时期，伊朗的巴列维王国也在某种程度上扮演着波斯湾地区"安全警察"的角色。那一时期，伊朗是美国在中东地区的战略盟友。然而，"冰火两重天"，随着美国对伊朗施加的长达四十年严厉的制裁，伊朗只能说是在美国制裁大棒下"苟延残喘"，由海湾地区第一经济强国沦落为二流国家。尽管伊朗在国土面积、人口、工业基等方面号称地区大国，其经济发展水平远远落后于沙特阿拉伯、科威特、阿联酋、阿曼等国家。可以说，美国对伊朗四十年的制裁的的确确产生了实质性的负面影响。

另一方面，四十年过去了，伊朗挺住了，伊朗在制裁的夹缝里求得了生存。一个"强大"的伊斯兰什叶派"政教合一"的政权一直维持到现在，而且在过去的十多年，随着小布什政府发动2011年阿富汗战争和2003年伊拉克战争，意外地将伊朗的两个"心腹大患"消灭于无形，伊朗在中东地区的地缘政治地位空前上升。未来可预见的是，伊朗政权对国内的掌控力依然强大，伊朗依然有着极强的"忍耐力"维持现状。伊朗政权会一直持续下去。美国试图通过制裁使伊朗发生政权更迭的目的实际上并没有实现。从这一点讲，美国对伊朗实施的长达四十年的制裁其实没有达到目的。

未来一个时期，如果特朗普总统对伊朗的"极限施压"政策实施到位的话，那么，可能的情形是，伊朗的石油出口（目前是200万桶/日左右）极有可能被打压至"零"。如果这样的话，伊朗政权赖以生存的经济基础将会丧失，不排除伊朗国内发生重大动荡的可能性，甚至会危及伊朗政权的稳定性。果真如此的话，中东地区的大动荡将再次上演。

群雄逐鹿伊德利卜酣又酣，叙利亚收复最后失地难又难

（2018年9月23日）

进入8月，叙利亚北部靠近土耳其的伊德利卜省（Idlib）持续吸引着全球的目光。9月初，该省一触即发的大规模战事再次让叙利亚已经持续7年、逐步平息的战争，有了重新燃起、雪上加霜的危险。这也激起了写一写叙利亚和伊德利卜的欲望。

伊德利卜是咋回事？其背后的大国博弈是怎样的？叙利亚战事将走向何方？叙利亚重建家园有望吗？过去十多年虽然一直在关注中东、研究中东，对2011年"阿拉伯之春"以来爆发的叙利亚战事也在跟踪，但对当前吸引着全球目光的伊德利卜并不十分了解。查阅了一些关于伊德利卜的资料，咨询了几个长期从事叙利亚和土耳其问题研究的专家，对叙利亚伊德利卜问题有了一些认识，形成如下几个"横断面"。

横断面一：俄罗斯、土耳其和伊朗一直是叙利亚战场的三个主要玩家，美国无奈只能"作壁上观"或"袖手旁观"，美俄在叙利亚的战略博弈一直

呈现"俄攻美守"的态势。因阿拉伯之春引发叙利亚内战后的最初两年，阿萨德政权和政府军节节败退。当时，美国主导下的国际舆论认为，叙利亚政府下台、阿萨德政权更迭已经"铁板钉钉"，只是时间上的问题。然而，2015年以来，随着俄罗斯的强势介入和伊朗一直以来的强力支持（有中东专家分析，过去几年，伊朗在本国经济极端困难的情况下，每年仍然支持援助叙利亚数十亿美元，而且，伊朗革命卫队这一"王牌"军队一直在与叙利亚政府军并肩作战），阿萨德政权和叙利亚政府军不仅支撑了下来，还出现了柳暗花明的变化。

最近两年，叙利亚战事的格局朝着有利叙俄伊联军（叙利亚+俄罗斯+伊朗）的方向转变。背后有土耳其和美国支持的叙利亚反对派武装丢盔弃甲，失去其在叙利亚中部和东北部控制的大片土地，不得不向靠近土耳其边境的伊德利卜省集结。而且，在美俄战机的联合轰炸下，伊斯兰国（ISIS）已作鸟兽散，基本溃亡。ISIS溃亡后，其原先控制的地区成了叙利亚政府军和反政府力量竞相争夺的对象。

一直以来，美国在叙利亚战事上相对"超脱"，似乎吸取了2003年伊拉克战争的教训，不愿意长期身陷叙利亚的"泥潭"，除了偶尔以"打击叙利亚境内恐怖分子"或"叙利亚使用化学武器"等为由对叙利亚采取行动外，大多数情况下只是与俄罗斯打打"口水战"而已。由此，俄罗斯的"主动"和美国的"被动"形成了鲜明的对比，呈现"俄攻美守"的格局。

个人认为，2011年以来土耳其在叙利亚战事上扮演了不光彩的角色。因为叙利亚危机爆发后，本来和大马士革关系不错的土耳其态度急转，公开力挺叙利亚反对派，组织了一次次国际会议为反对派筹资、打气，土耳其事实上成了叙利亚反对派的大后方。土耳其利用此次西亚北非局势动荡的洗牌机会，在叙利亚问题上大做文章，其背后有着在中东地区称雄、取代势微的埃及成为中东第一大国的雄心。事实也证明，经过这一轮"洗牌"，若论中东的地区大国，也就土耳其、伊朗和沙特阿拉伯了，埃及已经被甩出了好几条街。

横断面二：伊德利卜是2017年俄罗斯、土耳其、伊朗三国划定的叙利亚四个"冲突降级区"中面积最大的一块，也是最后一个尚未被俄叙军队收复的省份。有中东专家分析，叙利亚连接外部的一条交通主干道穿过伊德利卜省，战略地位十分重要，叙利亚要想收复全部失地并重建家园，必须从反对派和极端势力手里拿下伊德利卜。

2017年5月4日，在第四轮叙利亚问题阿斯塔纳和谈会上，哈萨克斯坦外交部部长阿布德拉赫曼诺夫宣布，出席此轮和谈的俄罗斯、土耳其和伊朗代表团团长签署了关于在叙利亚建立"冲突降级区"的备忘录。俄罗斯提出在叙利亚西北部伊德利卜省、中部霍姆斯省、大马士革郊区和叙利亚南部地区分别设立"冲突降级区"，在其周边划定安全线、设立检查站，防止冲突发生。俄罗斯、土耳其和伊朗将作为"冲突降级区"担保国，出兵监督区内停火执行情况，此外，极端组织势力不得在区内活动。

伊德利卜是上述四个冲突降级区中面积最大的一块。随着其他三个降级区逐步为叙俄伊联军所收复和控制，原先盘踞在这三个地区的反对派武装和极端势力不得不撤出，向最后的"家园"——伊德利卜集结。

横断面三：伊德利卜目前堪称"鱼龙混杂"，不仅有ISIS的残余势力和极端组织"征服阵线"，还有从其他三个"冲突降级区"被驱赶至此的叙利亚反对派武装，以及土耳其支持的当地反对派武装。如何消化这些反对派武装，是一个极大的难题。

目前看，也许有以下几种选项：一是土耳其劝说这部分武装放下武器，主动撤离伊德利卜，俄罗斯、土耳其、伊朗给其让出一条"生命通道"，这是对叙利亚最为有利的选项，但土耳其难以答应，即便答应，土耳其恐怕也没这么大影响力能够说服各色反对派武装放下武器；二是伊德利卜反对派武装在重兵压境下纷纷投降，然后被整编为叙利亚政府军的一部分，这实质上与第一种类似，是俄罗斯和叙利亚所欢迎的，但可能性较小；三是土耳其与俄罗斯（含伊朗）在伊德利卜形成军事上的平衡并拖下去，或者叫"战略对峙"，但这对叙利亚政府而言，可能是不可接受的选项；四是双方发生大规模战争，再次酿成重大危机。目前看，第三种选项正在发生，9月17日，土耳其和俄罗斯就在伊德利卜构建一个非军事区达成协议，这个非军事区是双方军事力量对峙的缓冲地带。

横断面四：伊德利卜发生大规模战事将再次酿成重大人道主义危机和难民危机，这是土耳其和欧盟乃至全西方所不愿意看到的。土耳其肯定不会坐视俄罗斯和叙利亚把伊德利卜的反对派武装逼入绝境从而发生大规模战事。一旦战事爆发，伊德利卜200多万的居民沦为难民的话，必将涌入土耳其边境。这不仅是土耳其不愿看到的，也是欧盟绝不愿意看到的。因为2012年前后的叙利亚难民危机重演是欧洲和西方国家不能承受之重。

因此，防止和避免在伊德利卜发生大规模的战事符合土耳其和西方的战略利益，但俄罗斯和叙利亚政府着急收复叙利亚全境。至于土耳其和俄罗斯是否会私下达成协议，也许有可能。比如，土耳其可能在能源过境问题上对俄罗斯有所让步。要知道，土耳其可谓全球最重要的东西方能源枢纽国和油气管道过境国。过去二十年，土耳其在油气过境问题上采取的是"配合西方打压俄罗斯"的策略，俄罗斯在通往欧洲的油气地缘政治上一直较为被动。如果在叙利亚伊德利卜问题上，俄罗斯、土耳其达成"默契"，那两国加强能源合作对美国而言是一个重大打击。

横断面五：俄罗斯、土耳其两国在叙利亚问题上的战略合作必将加强，设立"伊德利卜非军事区"既是明证。这既是普京和埃尔多安这两位强人总统"惺惺相惜"的结果，也是俄罗斯、土耳其两国在能源地缘政治上加强合作的现实考量。9月7日，在伊朗举行的俄罗斯、伊朗、土耳其三国峰会上，围绕伊德利卜"打，还是不打"，俄罗斯、土耳其之间分歧凸显。峰会过后，俄罗斯与叙利亚继续着在伊德利卜的空袭行动，土耳其方面则在舆论施压的同时，抓紧调兵遣将，武装伊德利卜城内的亲土反对派武装。但仅仅10天过后，俄罗斯、土耳其两国达成协议。这显示了两国在关键时刻达成一致的战略性共识在加强，背后是两国总统加强战略合作的愿望使然。"通过这项协议，我相信我们将防止伊德利卜出现严重的人道主义危机。"土耳其总统埃尔多安17日在俄罗斯索契向记者强调了上述协议的价值。

近年来，由于"脱亚入欧"希望渺茫，而且美国有支持土耳其反对派流亡人士居伦的嫌疑，2016年7月15日的土耳其政变差点让埃尔多安下台，埃尔多安对西方的怨气颇大，这也加重了他借力俄罗斯的倾向。

横断面六：尽管俄罗斯、土耳其两国达成了非军事缓冲区协议，为进一步的外交解决留出了空间，但长期来看，该协议很难解决叙利亚政府与反政府势力及其背后大国博弈的"结构性"矛盾，叙利亚重建家园任重道远。尽管俄罗斯、土耳其两国尚未确定建立非军事缓冲区的具体细节，俄罗斯方面也还需与叙利亚政府磋商协调，但此前剑拔弩张的局势已然随着协议的达成而有所缓解。然而，伊德利卜境内鱼龙混杂的困局，似乎难以因新协议的达成而得以解决，其背后有太多的利益攸关方，而且彼此存在着结构性矛盾。

叙利亚怀着"收复每一寸土地"的誓言想拿下伊德利卜，无奈自身实力是各利益攸关方中最弱的,收复全部失地、重建家园的愿望恐怕一时半会儿难以实现。

相对于那些在"阿拉伯之春"大浪下不堪一击的突尼斯、埃及、利比亚和也门政权而言,叙利亚政权有幸存活和坚持到现在,而且看到了胜利的曙光。与那些政权被迅速更迭、局势得到控制并趋于和平的中东北非国家相比,叙利亚人民是不幸的,备受"人间炼狱"的煎熬、长期流离失所、甚至姓名不保。战争与和平、民主与专制、政府与民众,谁是谁非,剪不断理还乱。无论怎样,期待叙利亚战事尽早结束,人民重返并重建家园。

石油政治漩涡下的伊朗：
东西方百年大博弈的"中间地带"

（2018年9月30日）

自美国总统特朗普5月8日宣布美国退出《联合全面行动计划》（JCPOA，Joint Comprehensive Plan of Action）并重启对伊朗制裁以来，美国和伊朗这对"宿敌"的全面互怼持续成为全球关注的热点。

伊朗的天然气和石油探明可采储量分别位居全球第一和第四，油气储量当量名列全球第一，是名副其实的石油天然气资源大国；同时伊朗还是全球油气生产和出口大国。一部伊朗石油发展史就实际上就是全球大石油公司百年来争夺中东石油资源历史的缩影。伊朗石油还分别在第一次世界大战和第二次世界大战后的大国博弈中发挥着特殊的作用，成为大国竞相博弈的对象。当然，伊朗石油也是其国内各政治派别发生纷争和造就极其复杂政治生态的重要因素。如果说全球哪个国家最具"石油政治"的秉性，恐怕非伊朗莫属。

而且，伊朗地处欧亚大陆中部，扼守波斯湾这一全球石油运输的"黄金水道"，东侧和北侧有中国、俄罗斯这样的大国，南侧和西侧分别有沙特阿拉伯和以色列这样的宿敌，再往西还有欧美这样的传统强国和大国。可以说，伊朗处在世界地理的"十字路口"（当然，中东地区本身就是世界的十字路口），属于名副其实的"中间地带"。无论是麦金德的"心脏地带"理论还是尼古拉斯·斯皮克曼的"边缘地带"理论和亨廷顿的"文明冲突"理论，抑或是布热津斯基在《大棋局》里的描述，伊朗由于其特殊的地理位置，在东西方顶级学者的眼里均是重量级的"地缘战略旗手"和"中间地带"玩家。

可以说，过去的一百年伊朗既因其巨额油气资源而深陷石油政治的漩涡，又因其身处中间地带而遭遇东西方的夹击。一百多年伊朗的石油政治故事到底是怎样演绎的？可以以不同历史阶段划分和梳理。

第一阶段：英国石油公司（BP）控制下的伊朗

伊朗石油开发始于1901年英国人与伊朗政府签订石油勘探开发租让协议。1901年5月，伊朗恺伽王朝迫于财政压力与英国人威廉·诺克斯·达西（William Knox Darcy）签订租让协议，达西获得除北部5省以外伊朗全境的石油、天然气开采和经营权，期限为60年❶。达西由此成为英国石油公司（BP）的创始人，并由于后来BP名声大噪而成为世界石油工业发展史上的几大牛人之一。

租让制合同是国际石油合作较早时候（集中出现在20世纪60年代之前），一些基础比较薄弱的石油东道国对外国投资者（石油公司）采取的"优惠"合同。所谓"租让"，实际上就是外国石油公司向东道国政府"交租子"。除了定期"收租"，东道国对本应属于其国家的油气资源基本没有掌控力和话语权，石油资产为外国投资者所有。而且，此类合同的租期（合同期）很长，一

---

❶ 参考了《伊朗石油工业的石油政治》，https://zhidao.baidu.com/question/499736557511153524.html。

般是60年。后来，随着东道国的发展和"资源民族主义"的盛行，此类合同基本绝迹。目前，也就阿联酋阿布扎比等极个别国家依然采用租让制石油合同，但合同条款对东道国而言已经大为改善。

1905年，在英国政府的帮助下，达西在伊朗筹建"辛迪加石油租让公司"公司。1908年5月，公司在马斯吉德·苏莱曼地区成功开采出石油，该地遂成为中东地区石油工业的发源地。1909年，公司发展壮大为"盎格鲁波斯石油公司"，即英波石油公司，后更名为英伊石油公司（英国—伊朗石油公司，BP石油公司的前身）。不久，英国人在阿巴丹建造伊朗第一个炼油厂，修建输油管线、储油设施、运输码头等一系列石油设施，并于1913年实现石油出口。此后，英国政府收购了英伊石油公司51%的股份，成为英伊石油公司最大的股东，垄断了伊朗的石油开采和经营业务。

第二阶段：第一次世界大战和第二次世界大战期间的伊朗石油

第一次世界大战中，德国空军轰炸了苏莱曼至阿巴丹的输油管线，使中立国伊朗变成两大交战集团的战场。战后，美国政府向英国提出分享伊朗石油利益的要求。而伊朗政府也想借助美国势力削弱英国、苏联对伊朗的影响。1925年，礼萨·汗国王推翻恺伽王朝登基后，责令伊朗政府与英伊石油公司谈判，改变租让条件，提高伊朗的分红比例，一直到1933年，双方才达成新的租让协议，英伊石油公司将伊朗政府的石油分红比例由16%提高到20%，并保证每年付给伊朗政府的款项不少于75万英镑；伊朗收回原租让面积的3/4，同意1951年租让协议结束后，可再顺延30年。该协议为礼萨国王巩固其政权，实现国家现代化计划奠定了经济基础。

第二次世界大战期间，伊朗成为盟国与苏联之间重要的物资运输通道，阿巴丹炼厂为同盟国的飞机提供了可靠的油料保障,美国军事力量借口保护运输通道进驻伊朗。英、美各大石油公司都想争夺伊朗石油这块"肥肉",相继派代表前去与伊朗政府谈判,希望获得石油开采权。苏联政府也派副外长前往德黑兰提出开采伊朗北部石油的要求。伊朗议会不畏压力,立法规定:在战争没有停止、外国军队未撤出的情况下,决不向任何外国政府出让新的石油租借地。伊朗政府借助美国、苏联、英国三国之间的相互制衡,一定程度上维护了国家的利益和主权。

第三阶段:摩萨台时期的伊朗石油国有化运动

第二次世界大战结束后,美国、苏联、英国三国的争斗使伊朗卷入国际政治的漩涡之中,并成为战后美、苏冷战的前沿阵地。随着伊朗政府财政收入对石油分红的依赖,英伊石油公司遂通过石油控制了伊朗的经济命脉。伊朗人民不堪忍受英伊石油公司的掠夺,要求废除其租让权。1949年,伊朗民族民主运动领导人穆罕默德·摩萨台在议会中提出"石油国有化法案",得到伊朗各界的广泛支持。1951年3月14日,议会通过该项法案,宣布对石油资源实行国有化,取消外国公司在伊朗石油领域的特许权。同年,伊朗国家石油公司(NOIC)成立。

为了对抗伊朗的石油国有化法令,英伊石油公司背后的英国政府对伊朗实行经济封锁,西方国家也拒绝购买伊朗石油。伊朗失去大量的石油收入和外援,国家财政因此陷入危机,政局出现动荡,经济形势的恶化使摩萨台失去了民众的支持。1953年,美国中央情报局乘机策划并推翻了摩萨台政府,帮助巴列维国王(礼萨·汗国王的儿子)巩固了王权,并取代了英国、苏联在伊朗的主导性地位,由此获得了政治和经济利益的双丰收。

第四阶段：1979年伊斯兰革命前的伊朗石油

1954年，伊朗政府与国际石油资本达成协议，伊朗国家石油公司作为业主雇用国际石油财团作为承包商负责伊朗石油的生产和海外销售，双方各自分享50%的石油利润。该协议使伊朗吸纳了大量的世界石油资本和先进技术，石油产量大增。1957年，伊朗政府出台了第一部石油法案。1974年，新石油法案只允许外国公司以签订服务合同的方式参与伊朗油气资源的开发，禁止其参与生产和获得任何产品分成，从而加大了外国公司在石油开发领域投资的风险，进一步减少了其利润。

20世纪60年代至70年代中期，伊朗政府大力发展石油工业，石油收入从1964年的5.5亿美元猛增到1974年的230亿美元。1962—1970年，伊朗国民经济的平均增长率为8%，1973—1978年的年均增长率为6.9%。在巨额石油收入的保障下，伊朗的国力和国际地位迅速提升，国家基础设施和工业得到了长足的发展，伊朗迅速从农业经济国变成石油经济国。

但经济现代化步伐过快，盲目的投资，以及对石油收入过度依赖，使民经济陷入混乱状态，导致民众从期望到失望。石油经济还造成贫富差距加大，贪污浪费严重和东西方意识形态及文化生活激烈冲突等问题，加剧了社会与国家之间的矛盾，从而引发了1979年的伊斯兰革命。伊斯兰革命导致巴列维王朝的崩溃，霍梅尼上台。

第五阶段：美欧制裁下的伊朗石油

伊朗伊斯兰共和国建立后，政府宣布取消国王时期与外国公司签订的所有油气合同，彻底收回了国家的权益。以美国为首的西方国家开始对伊朗实行经济制裁，伊朗被迫采取限制生产、增加储备的政策，国家经济命脉石油工业遭受严重打击。1980年，两伊战争爆发，石油工业再遭重创。1980年伊朗石油日均出口量不足100万桶，直至80年代末，日均产量仍不超过300万桶，出口量则少于200万桶。

1985年，两伊战争升级和国际油价下跌，造成伊朗1986年和1987年的国民经济增长率连续呈负增长。石油外汇减少，外汇储备耗尽，使伊朗政府无力继续支撑战争开支。国内通货膨胀率高达30%～40%，失业率则达到20%～30%，社会不满情绪增加等因素迫使伊朗同意接受联合国停战协议。1988年，两伊战争结束，伊朗和伊拉克两败俱伤。

20世纪90年代，美国对伊朗的制裁达到了一个全新的高度。首先于1995年开始禁止所有美国公司投资伊朗的石油产业，随后推动《伊朗交易监管法》（Iranian Transaction Regulations，"ITR"）通过。该法案全面禁止美国与伊朗的一切贸易和投资，ITR的规定成为之后20年美国对伊朗制裁的主要核心内容。1996年，美国还通过了《伊朗制裁法案》（Iranian Sanctions Act，ISA），史无前例地将制裁措施的适用对象扩大到美国公司以外的主体：ISA禁止任何人向伊朗的石油工业进行大规模的投资。这就是所谓的"次级制裁措施（Secondary Sanctions）"。

小布什执政时期，美国基本维持了克林顿时期对伊朗的制裁力度。不过彼时小布什政府忙着发动阿富汗战争和伊拉克战争，伊朗的战略压力大为缓解，也就是这一时期，伊朗的核技术得到显著提升。伊朗充分利用阿富汗和伊拉克这两个东西侧"冤家"被美国收拾掉所带来的"战略红利"，在中东地区迅速崛起，这引起了沙特阿拉伯和以色列等国的恐慌。这一时期，油价持续高企又帮了伊朗的大忙，国内经济全面复苏。奥巴马上台后，面对核武研发即将取得突破的伊朗，加大了对伊朗的制裁力度。2012年以来，欧盟也追随美国开始实施对伊朗的制裁。后来经过多国多方的斡旋和数十轮艰苦谈判，美国和伊朗终于在2015年7月达成联合全面行动计划（JCPOA），国际社会为此长舒一口气。

遗憾的是，好景不长，2017年特朗普上台，出于履行竞选承诺的需要，出于实施"美国优先"政策的考虑，特朗普多次"表态"要废除JCPOA，恢复对伊朗的制裁。2018年5月8日，特朗普宣布退出JCPOA，开始启动对伊朗的"极限施压"政策，决心将伊朗的石油出口打压到零。

以上就是伊朗石油业跨越百年所历经的风风雨雨。石油政治于伊朗而言的确是个巨大的漩涡。石油政治的本质是对"石油权力"的争夺。对于小国而言，如果拥有丰富的油气资源，再加上重要的地理位置，往往会成为大国博弈的"战场"或沦为大国的附庸。好在伊朗足够大，人口足够多，资源足够丰富，工业底子足够厚，文化底蕴足够深，才使得伊朗在过去一百多年与西方的博弈中大部分时间处于势均力敌的态势，把石油工业和石油收入牢牢掌控在自己手里。

当前，美国特朗普政府为遏制伊朗崛起为该地区唯一"超级大国"，更为了保护以色列和沙特阿拉伯的安全，开始恢复并加大对伊朗的制裁。"石油漩涡"再次将伊朗卷入，伊朗是被漩涡逐渐淹没、俯首称臣，还是蹚过漩涡、获得安全，让我们拭目以待。

"后纳扎尔巴耶夫时代"尚未真正到来

(2019年3月23日)

3月19日晚,全球最大内陆国家、中亚地区大国、"一带一路"枢纽国家——哈萨克斯坦的掌舵人,中亚地区乃至全球有较大影响力的政坛常青树,哈萨克斯坦的"立国总统""首任总统"纳扎尔巴耶夫"意外"宣布辞职。

此举引起国际社会强烈反响。很多人感叹,哈萨克斯坦要进入"后纳扎尔巴耶夫时代"了!

真的进入"后纳扎尔巴耶夫时代"了吗?

其实,正如辞职后仍保留了哈萨克斯坦国家安全会议主席、祖国之光党主席和宪法委员会委员职务的纳扎尔巴耶夫所言,"我仍然和你们在一起。"这句话让哈萨克斯坦人民感动,让世界人民心安,但是否还可以这样理解:我还在,"后纳扎尔巴耶夫"时代尚未到来。

第一,纳扎尔巴耶夫的确开辟了一个时代。苏联解体至今已近30个年头,斗转星移、物是人非,叶利钦、库奇马(乌克兰前总统)、卡里莫夫(乌兹别克斯坦立国总统)、阿利耶夫(阿塞拜疆前总统)等与纳扎尔巴耶夫同时代的

"一带一路" 中国油气与世界
Belt and Road Initiative

苏联政治家已先后退职、离世，阿卡耶夫（吉尔吉斯斯坦前总统）更因政治斗争被推翻。唯独纳扎尔巴耶夫屹立不倒，这本身就是世界政坛的一大奇迹。

这还不算什么。纳扎尔巴耶夫的伟大之处在于，他以卓尔不群的毅力、智慧和手腕将哈萨克斯坦从一个处于世界历史边缘默默无闻的游牧民族一举带入世界50强国之列，为未来发展赢得了前所未有的有利环境，被誉为中亚"稳定之锚"。

内政上，纳扎尔巴耶夫领导下的"石油经济"和"东西方枢纽经济"搞得如火如荼。外交上，面对中国和俄罗斯这样的"超级邻国"，而且刚刚从"母体"苏联独立出来，还面临着美国和西方"颜色革命"的挑战，可谓稚气未脱、危机四伏。然而，在纳扎尔巴耶夫的带领下，哈萨克斯坦硬是在中、美、俄等数个大国之间纵横捭阖，保持了自己的独立性、完整性，且国力不断提升。其"平和外交"玩得如火纯情，堪称德国前首相俾斯麦再现。

此外，纳扎尔巴耶夫亲自倡导成立的中亚无核区、拯救里海国际基金、突厥国家合作委员会、亚信会议等，成为本地区重要的合作平台。中哈关系在他任内也得到全方位提升，特别是2013年中国国家最高领导人访问期间，提出"丝绸之路经济带"倡议，从此开辟了"一带一路"倡议的新局面。

最能体现中哈两国经济密切交往的是石油天然气领域。正是因为有着纳扎尔巴耶夫和哈萨克斯坦执政精英的支持，中哈油气合作在过去20多年才能顺风顺水，哈萨克斯坦也自然成为中国石油企业在海外竞相投资和进入的国家。截至目前，哈萨克斯坦已成为中国企业海外油气投资规模最大的资源国，投资总规模已超过500亿美元。当然，哈萨克斯坦也是中国引进中亚地区油气资源的重要过境国之一，也是油气资产质量效益最优的资源国之一。

可以说，纳扎尔巴耶夫开辟了本国和中亚历史的一个时代。以纳扎尔巴耶夫的作为和成就，他堪称一位"世界级政治家"。

第二，辞职是纳扎尔巴耶夫的精心安排。实际上，纳扎尔巴耶夫一直在为3月19日的决定做各种准备，法律上和人事上的安排都在有条不紊地进行。

早在2010年，哈萨克斯坦议会就通过《首任总统法》，将首任总统的历史地位转化为政治权力。

2016年9月，乌兹别克斯坦老总统卡里莫夫意外离世，促使纳扎尔巴耶夫下决心开始谋划本国的总统权力交接。此后，纳扎尔巴耶夫频繁撤换政府部门和地方领导人。目前，哈萨克斯坦各州市主要领导基本更换完毕，各部部长和副部长完成补任。不言而喻，此举系纳扎尔巴耶夫任命亲信或圈内官员、强化对地方政权把控能力的关键之举。

2018年7月，哈萨克斯坦通过《安全会议法》，这是纳扎尔巴耶夫国家政权交接机制的重要一步。

2019年2月，纳扎尔巴耶夫向宪法委员会咨询，宪法是否有关于总统提前终止权力的明确规定，这意味着纳扎尔巴耶夫的政权交接拉开序幕。同月，纳扎尔巴耶夫宣布解散政府内阁，指责时任总理经济改革不力，没有完成既定的经济发展目标，并任命马明为新一届政府总理。

此外，纳扎尔巴耶夫近期参加的一些公开活动细节也引起了人们的关注，如新任命驻外使节、新著作海外发行、考察在建的世界最大清真寺等，也是其可能会辞职、着实安排权力交接的征兆。可以看出，纳扎尔巴耶夫的辞职是在其本人精心安排和完全掌控下进行的。

第三，"后纳扎尔巴耶夫时代"尚未真正到来。现在，纳扎尔巴耶夫辞职了。但离职不离场，背离纳扎尔巴耶夫现政策的"后纳扎尔巴耶夫时代"远未到来。因为，作为哈萨克斯坦首任总统，纳扎尔巴耶夫手中仍握有三大权柄，其对国家发展的重大方针政策仍有全面协调和控制能力。

一是宪法赋予的权力。根据哈萨克斯坦《安全会议法》，安全会议是负责协调统一哈萨克斯坦国家安全和防务政策的宪法机构。安全会议成员虽由哈萨克斯坦时任总统提名，但最终还须经安全会议主席批准。因此，纳扎尔巴耶夫辞职后，作为国家安全会议主席的他，对影响国家安全的内政外交仍拥有决策权。

二是首任总统具有独特的政治权力。要知道，"首任总统"完全不同于"前总统"。根据《首任总统法》，纳扎尔巴耶夫卸任后的地位是"首任总统"，有权就重要的国家建设、内政和外交政策、国家安全等向人民发表立场；有权在议会及其各委员会、政府会议上发表意见。另外，作为哈萨克斯坦最主要的政治党派"祖国之光党"主席，纳扎尔巴耶夫可以对议会和政府施加直接影响。

三是基于历史地位的社会权利。纳扎尔巴耶夫被冠以"民族领袖"称号，而"民族领袖"是多民族团结的保障和象征。纳扎尔巴耶夫的经历、成就和威望使得他在哈萨克斯坦拥有绝对权威。

只要纳扎尔巴耶夫健在，只要他还在发号施令，表示"我仍然和你们在一起"，"后纳扎尔巴耶夫时代"就不会真正到来。

但无论多么伟大的人，终有离场的时候。尽管目前"后纳扎尔巴耶夫时代"尚未真正到来，但哈萨克斯坦终究要过渡到"总统—议会"的平衡政治制度时代，终究要从伟大总统造就的"伟大时代"转变为普通总统领导的"普通时代"。人类历史长河绝大部分时间都是"普通时代"，于一个国家而言，如何在"普通时代"持续保持正常发展和增长，才是最重要的。"普通时代"更加难能可贵，更可持续。

后 记
AFTERWORD

2015年10月，我和同事合著的第一本关于"一带一路"油气合作的书籍——《"一带一路"话石油》出版，该书记录了我任职某大型海外勘探开发公司战略发展部期间，就"一带一路"地区油气合作基本情况和重点东道国的政局和油气合作政策，所做的研究和分析。重点阐述了"一带一路"地区重点东道国的油气储量、产量、勘探开发和油气管道、当地油气行业投资环境与管理方式以及相关分析等内容。

近三年，本职工作与"一带一路"直接相关，我继续围绕"一带一路"油气合作进行了一些调研、研究和思考，陆续撰写了有关"一带一路"油气合作的文章，这些文章经过梳理修改完善后便成了这本《"一带一路"：中国油气与世界》。本书内容涉及方方面面，主要是在第一本书的基础上，对"一带一路"地区的地缘政治、油气投资与贸易、合作项目、商业模式、风险管理、可持续发展等方面进一步深入思考后，将"一带一路"油气合作的重点、难点和热点问题，一个一个解剖和分析。这些文章不是很系统，不是循规蹈矩的研究报告，主要是本人的一些思考和感悟，算是一家之言。

2018年是"一带一路"倡议提出五周年。习近平主席在2018年8月召开的"一带一路"工作推进研讨会上指出，如果说过去五年是侧重于"一带一路"

的谋篇布局、战略规划，是"大写意"的话，那么，未来一个时期应该是真抓实干、精雕细刻地做好"一带一路"建设方方面面的工作，是"工笔画"。我在想，如果《"一带一路"话石油》算是"一带一路"油气合作的"大写意"的话，那么这本《"一带一路"：中国油气与世界》中所讲述的内容则是某种程度上的"工笔画"，是希望"一带一路"地区油气合作走深走实、行稳致远的一些具体的、细节性的思考和建议。

本书的写作历时三年多，主要是我利用周末和节假日的"碎片化"时间写作而成，某些地方的思考不是很深入，个别数据掌握的可能不是很精确，难免出现谬误之处，请读者海涵。但我可以保证的是，书中每一篇文章都是我本人的"用情用心"之作，常常是"写着写着天亮了"。

本书写作过程中得到了中国现代国际关系研究院研究员牛新春、副研究员秦天，俄罗斯问题专家冯玉军、王海燕，中国石油报记者周问雪等专家、学者的大力帮助，在此向他们致以崇高的敬意。本书写作过程中也得到了爱妻王楠的理解和帮助，她帮我从文字上对文章进行把关和校对。本书更是得到了领导同事和朋友的大力支持，在此表示最诚挚的谢意。

2019年3月30日于北京太阳宫金星园